TUDO QUE EU QUERO É FUGIR

Como se libertar da sensação de aprisionamento emocional

APHRODITE MATSAKIS, PH.D.

Tradução de Helena Luiz e Bete Torii

Copyright © 2000 by Aphrodite Matsakis
Publicado originalmente como *Emotional Claustrofobia*

Editora	Rosely M. Boschini
Assistente Editorial	Rosângela Barbosa
Preparação	Adam Sun
Capa	Paulo Lima
Revisão	Maria Margarida Negro
Projeto Gráfico e Editoração Eletrônica	Macquete Gráfica
Impressão e Acabamento	Paulus Gráfica

Dados Internacionais de Catalogação na Publicação (CIP)
(Câmara Brasileira do Livro, SP, Brasil)

Matsakis, Aphrodite
    Tudo que eu quero é fugir ; como se libertar da sensação de aprisionamento emocional / Aphrodite Matsakis. — São Paulo : Editora Gente, 2002.

    Título original: Emotional claustrophobia.
    Bibliografia.
    ISBN: 85-7312-381-8

    1. Ansiedade 2. Medo I. Título. II. Título: Como se libertar da sensação de aprisionamento emocional.

02-5284   CDD-155.92

Índices para catálogo sistemático:

1. Medo : Ambiente social : Influência : Psicologia 155.92

Todos os direitos desta
edição são reservados à Editora Gente.
Rua Pedro Soares de Almeida, 114, São Paulo, SP
CEP 05029-030, Telefax (11) 3675-2505
Endereço na Internet: http://www.editoragente.com.br
E-mail: gente@editoragente.com.br

Seja qual for a origem da claustrofobia emocional, este livro, uma síntese criativa de teorias cognitivas, comportamentais e dinâmicas, ensina como as pessoas acabrunhadas e perseguidas pela culpa, petrificadas pelo medo porque julgam perder a si mesmas nos relacionamentos, podem conquistar confiança e conhecimento, administrar as sensações de seu corpo, tomar as rédeas de sua mente e desenhar um plano para alcançar a liberdade psicológica – e viver então segundo essa fórmula construída. Recomendo este livro tanto a terapeutas como a clientes. É uma obra indispensável, um recurso de auto-ajuda muito bem equilibrado, claro e conciso, de linguagem amigável e adequada ao cliente e de grande discernimento terapêutico.

Erwin Randolph Parson, Ph.D.
Ex-editor chefe da *Journal of Contemporary Psychotherapy* e psicólogo do Programa de Recuperação de Estresse e Trauma de Guerra no Baltimore Veterans Affairs Medical Center.

Nota da Editora

Esta publicação fornece informações acuradas e confiáveis a propósito do assunto abordado. É vendida com o entendimento de que a editora não está comprometida com a prestação de serviços psicológicos, financeiros, legais ou quaisquer outros. Se sentir necessidade de aconselhamento ou assistência especializada, o leitor deve recorrer aos serviços de um profissional competente.

Índice

Agradecimentos 9

Introdução 11
Claustrofobia emocional: um dilema comum • Custos da claustrofobia emocional • Causas da claustrofobia emocional • O processo de *empowerment* • A crise da recuperação • Este livro é para você? • Como utilizar este livro • Como este livro está organizado • A importância de escrever sobre experiências dolorosas • Lembrete final

Primeira parte
Compreensão da claustrofobia emocional

Capítulo 1 — Sua família contribuiu? 29
Pais e responsáveis • Abuso físico e sexual • Abuso emocional • Sua privacidade foi invadida? • Ciúme e possessividade • Esperavam que você fizesse o impossível? • Quando a intimidade é próxima demais • Você ficou preso em um cabo-de-guerra emocional? • Privações familiares

Capítulo 2 — Pessoas ou acontecimentos extrafamiliares contribuíram para sua claustrofobia emocional? 71
Você já sofreu algum trauma? • Você tem dificuldade de estabelecer limites? • Organizações e sistemas de crença do "tudo ou nada" • Emoções penosas • Pesar • Personalidades devoradoras

Capítulo 3 — Como a claustrofobia emocional afetou sua vida? 87

A importância de um inventário pessoal • Iniciando seu inventário • Inventário do medo de ser sufocado

Capítulo 4 — Seus medos pertencem ao passado ou ao presente? 103

Causas da claustrofobia emocional • Essas causas continuam válidas hoje? • Plano de ação para enfrentar determinadas causas

Capítulo 5 — Controle da ansiedade 115

Como a ansiedade pode afetar suas forças físicas e mentais • Reações físicas ao medo • Técnicas para administrar a ansiedade • Medicação

Capítulo 6 — Assumir o controle da mente: avaliação de convicções 133

Como os pensamentos e sentimentos se relacionam • Pôr à prova convicções não verdadeiras • Identificação de suas convicções derrotistas • Quais de suas convicções são derrotistas? • Convicções desejáveis

Segunda parte
Identificação de crenças derrotistas

Capítulo 7 — Elaboração de um plano 153

Por que você precisa de um plano • Como traçar um plano • Habilidades de comunicação • Conectado, mas livre: manter vínculos sem ser sufocado • Planos de emergência • Como se preparar para o pior

Capítulo 8 — Viva o seu plano 177

Antes de pôr o plano em ação • Práticas para apoiá-lo nos momentos difíceis • Revisão de progresso

Referências bibliográficas 189

Agradecimentos

Gostaria de agradecer a Angela Watrous por suas excelentes revisões editoriais e à equipe da New Harbinger Publications por seu apoio durante a produção deste livro. E também a Peter Valerio por seu discernimento das lutas enfrentadas por pessoas que sofrem de claustrofobia emocional. Acima de tudo, desejo agradecer aos clientes que confiaram em mim o bastante para compartilhar comigo sua luta contra a claustrofobia emocional. Essas pessoas lutaram para oferecer sua contribuição à família, aos amigos e à comunidade e para fazer diferença positiva na vida de outros, apesar da ansiedade e da paralisia causadas pelo medo de ser sufocadas. Elas estão no caminho rumo à administração desse medo, para poder se engajar em atividades e relacionamentos de forma mais livre do que jamais sonharam ser possível.

Introdução

"Eu o amo. Eu sei que o amo. Ele é o melhor homem que já encontrei e sei que é a pessoa certa para mim. Mas, algumas vezes, quando estamos juntos, vejo-me gritando por dentro: 'Vá embora. Você está me sufocando. Preciso de espaço para respirar!'"

Lisa sofre de claustrofobia emocional, o medo de ser aniquilada, sufocada ou asfixiada por outras pessoas ou circunstâncias. Ela descreve seu medo assim:

Sinto-me sufocada, presa numa armadilha, como se fosse desaparecer inteiramente. Daí, ou entro em pânico ou me sinto morta por dentro ou às vezes sinto alternadamente uma coisa e outra, e tudo que quero é fugir. Costumava pensar que era culpa da outra pessoa – que ela estava fazendo ou planejando alguma coisa contra mim. Mas, pelo que tenho observado, sei que, na maioria das vezes, o medo tem a ver comigo, não com o outro. Posso dizer a mim mesma um milhão de vezes que a outra pessoa não está fazendo nada errado e que é totalmente irracional sentir o que sinto, mas aquele sentimento horrível continua tomando conta de mim. Tento fazer com que desapareça, mas ele não some. Então, não sei o que fazer: ficar ou fugir. De qualquer maneira, eu sofro. Se fico, sinto-me an-

gustiada; se acho uma saída, sinto-me preocupada por magoar ou transtornar as pessoas, fazendo-as pensar que tenho um problema mental.

O medo que Lisa tem de ser sufocada a prende numa armadilha. Ela não quer se sentir só nem desvinculada dos outros, tampouco quer se sentir asfixiada. Ela valoriza as relações positivas com amigos e familiares e o relacionamento íntimo com alguém especial. No entanto, quando está junto dos amigos ou ao lado de seu bem-amado, sua aflição pode ser tamanha que sente necessidade de ficar sozinha.

Lisa sofre de claustrofobia emocional, mai no plano pessoal que no profissional. Outros a experimentam mais no trabalho. Para alguns, como Peter, a claustrofobia emocional ocorre em qualquer ambiente – na sala com a família ou em reuniões com colegas e supervisores:

Quando esse sentimento me atinge, quero sumir. Se estou numa festa ou reunião familiar, ou mesmo com minha companheira, geralmente consigo encontrar uma maneira de escapar. Então, só tenho que lidar com o fato de saber que eventualmente vou acabar me sentindo solitário.

Mas, no trabalho, tenho que me preocupar não só com o sentimento de isolamento – a avaliação de meu desempenho, uma possível promoção e a própria carreira estão em jogo. Mesmo que seja ótimo naquilo que faço, como posso ser promovido se não consigo suportar certo tipo de interação nem reuniões? Posso fingir, é claro, o que faço sempre. Mas por quanto tempo? Sou um grande ator, mas alguém vai acabar percebendo que estou fingindo, se é que já não perceberam.

O medo que Rosa tem de ser sufocada é deflagrado por sua sensibilidade incomum, profunda e intensa. Ela é uma pessoa sensível, capaz de responder intuitiva e emocionalmente a outras pessoas e a circunstâncias variadas. Isso lhe permite maior interatividade com os outros e fazer contribuições importantes no trabalho. Entretanto, em situações muito carregadas emocionalmente ou se se confronta com várias circunstâncias emocionalmente exigentes em curto período de tempo, ela fica perdida e tem dificuldade de pensar com clareza. A sen-

Introdução

sação de engolfamento aumenta quando essas situações ocorrem em espaços fechados, como cinema, teatro, sala de reuniões ou metrô. Os ambientes fechados não são a causa da claustrofobia de Rosa, mas às vezes eles fazem parte do problema. Para ela, como para outros, estar em lugar fechado é um reflexo exterior de um estado interior de sentir-se confinada ou soterrada pela avalanche de emoções experimentadas internamente.

Em determinado momento, Peter, Lisa e Rosa se cansaram da condição de reféns do medo de ser sufocados e de ter sacrificado demais a vida pessoal e profissional por causa disso. Engolindo o orgulho, decidiram procurar ajuda profissional.

No aconselhamento, aprenderam que o medo de sufocamento estava enraizado — em parte — em experiências anteriores em que foram incapazes, ou não souberam como, de estabelecer limites a outrem ou de definir o que eram capazes de fazer ou executar em determinada situação. Também ficaram aliviados ao descobrir que, algumas vezes, o medo de ser sufocado por outra pessoa ou circunstância tinha pouco a ver com eles mesmos ou com seu passado. O medo era mais uma resposta intuitiva e exata a situações ou pessoas excessivamente exigentes ou que, com tempo e oportunidade, podiam fazer praticamente qualquer pessoa ter medo de ser forçada a sacrificar coração, mente, bolso ou alma, contra a vontade.

Na terapia, eles revelaram e examinaram as origens e as raízes de seu medo de ser asfixiados. Encontraram também meios de administrar esse medo adotando medidas preventivas e determinados mecanismos para enfrentá-lo. Essas habilidades os ajudavam também a lidar com pessoas agressivas e manipuladoras. Como resultado de seus esforços, Peter, Rosa e Lisa se tornaram — e se sentiram — cada vez mais fortes. Descobriram que, ao trabalhar sobre o medo de ser sufocados, eram capazes de suprimi-lo em certas situações. Em outras, o medo persistia, mas ficavam menos preocupados com ele e tinham meios construtivos de administrá-lo de modo a torná-lo inofensivo em sua vida.

Claustrofobia emocional: um dilema comum

Se você sofre de claustrofobia emocional, console-se em saber que esse medo de asfixia não é um diagnóstico psiquiátrico. As pessoas com histórico de depressão, crises de pânico e distúrbio de ansiedade ou pânico tendem a experimentar esse medo mais freqüentemente que as outras, mas a claustrofobia emocional também pode afetar pessoas que não têm nenhum distúrbio diagnosticável.

Nossa sociedade tem alto apreço pelo orgulho pessoal e pela autoconfiança (mais do que pela humildade e pela lealdade a um grupo). Não é moderno nem admirável ser medroso ou inseguro. Admitir ter medo é quase uma admissão de inferioridade e anormalidade. Esse é o caso particularmente dos homens, que, segundo o tradicional estereótipo masculino, espera-se geralmente que sejam autoconfiantes em todas as situações. Entretanto, no mundo atual de papéis sexuais mutáveis, muitas mulheres, especialmente aquelas que detêm cargos profissionais, são tão reticentes quanto os homens na questão de admitir ou revelar medos e inseguranças.

O medo de ser sufocado pode ocorrer somente em um relacionamento específico, em determinado tipo de relacionamento ou em muitos. Pode-se experimentar a claustrofobia emocional somente com certas pessoas, como familiares, amigos ou parceiros sexuais. Ou apenas no trabalho ou em ambientes relacionados a ele, em interações com pessoas em associações comunitárias, religiosas, artísticas, políticas ou de interesse especial, ou em situações específicas, como um projeto ou compromisso.

Independentemente de experimentar esse medo com uma ou muitas pessoas, em poucas ou muitas situações, ele significa uma formidável absorção de seu tempo, energia e emoções.

Custos da claustrofobia emocional

A claustrofobia emocional é debilitadora em si e por si mesma, mas também pode levar ao desenvolvimento de temores adicionais. Por exemplo, quando sofre do medo de asfixia, você pode desenvolver também

Introdução

um temor sobre como é percebido pelos outros quando sente esse medo. Você se fecha emocionalmente em conseqüência do medo? Se é assim, passa a imaginar que os outros vão pensar que você é frio, insensível ou anti-social?

Você tem dificuldade de concentração ou de memória, de finalizar uma tarefa ou um projeto em conseqüência do medo? Nesse caso, preocupa-se com o fato de os outros pensarem que você é incompetente, ineficiente ou mesmo ignorante?

Como todos os medos, o de ser sufocado tem um componente físico ou corporal. A ansiedade que você experimenta o faz transpirar ou tremer? Você tem medo, então, de que os outros o chamem de "histérico", "hiper-reativo", "louco" ou "emocionalmente instável"? Se interagir com outras pessoas for parte importante de seu trabalho ou profissão, é possível que o medo de como pode ser percebido pelos outros seja particularmente forte e contribua para elevar os níveis diários de estresse e ansiedade. Por exemplo, se você for vendedor ou professor, o medo de engolfamento pode interferir mais perceptivelmente em sua atividade que se for um programador de computação. No entanto, seja qual for sua ocupação, você vai lidar com pessoas, e o medo de ser sufocado enfraquece sua capacidade de trabalho.

Ainda como todos os medos, o de ser sufocado não leva apenas a um estado de alta ansiedade e estresse, mas também ao gêmeo da ansiedade: o entorpecimento ou travamento emocional. Quer tenda a se tornar altamente ansioso, quer meio entorpecido ou "congelado", quando o medo surge, sua capacidade de avaliar racionalmente as opções e tomar uma boa decisão sobre o curso da ação estará prejudicada. Você pode ter dificuldade de decidir o que fazer de imediato, como responder à outra pessoa e prosseguir com a situação ou a tarefa que tem em mãos.

O medo de ser asfixiado por certas pessoas ou circunstâncias pode fazer com que se sinta desamparado, impotente e extremamente inseguro — e significar uma barreira formidável a seu desenvolvimento pessoal e profissional e à felicidade

Se já se cansou de ser refém da claustrofobia emocional e considera que fez sacrifícios demais tanto na vida pessoal como na profissional por causa dela, este livro é para você. Talvez tenha imaginado ser capaz de lidar com certas situações, como reuniões importantes no trabalho ou críticos encontros familiares, livre da compulsão de fugir devido ao medo de ser sufocado.

Por outro lado, na área dos relacionamentos, pode ter receio de que, se tomar providências para minimizar seu medo, poderá ameaçar ou perder relacionamentos importantes. "Como posso escolher entre cuidar de mim mesmo e cuidar dos relacionamentos que valorizo em minha vida?", você pode indagar. Este livro é sobre as duas coisas – como lidar com o medo de ser sufocado num relacionamento e também como manter, e até reforçar, esse relacionamento.

Causas da claustrofobia emocional

O medo de ser sufocado pode ser resultado tanto de fatores externos quanto internos. Externamente, se você se confronta com uma pessoa que de fato quer destruir toda a sua vida ou parte dela, ter medo de ser ameaçado por essa pessoa é totalmente apropriado. Mas se você continua com medo mesmo diante de pessoas que não são exigentes, invasivas nem agressivas, seu temor de ser sufocado provavelmente se deve a experiências anteriores. Internamente, o medo de engolfamento pode estar baseado em dificuldades e conflitos pela incapacidade de negar os pedidos de outra pessoa ou da organização. Em conseqüência, você se amendronta, muitas vezes legitimamente, ante a possibilidade de se dar demais, seja emocional, financeira seja sexualmente. Tanta coisa pode ser esperada e tomada de você que teme deixar de existir.

O medo de ser sufocado muitas vezes envolve o temor de não ser capaz de se defender e, com isso, permitir ser humilhado ou usado por outros. Isso não significa que você seja fraco ou incapaz, e sim que não foi ensinado a interagir com as pessoas respeitando-as e respeitando a si mesmo. Talvez certos ensinamentos o tenham impedido de tomar o próprio partido sem se sentir culpado. Seu medo de engolfamento pode também estar enraizado, ao menos em parte, em experiências anteriores nas quais era emocionalmente ou fisicamente perigoso defender a si mesmo.

Algumas pessoas temem ser sufocadas em resposta a certas circunstâncias, mais do que em resposta a determinada pessoa ou grupos

Introdução

de pessoas. Entretanto, medos relacionados a situações específicas estão quase sempre enraizados em interações pessoais anteriores negativas. Por exemplo, se você sente medo de engolfamento antes de começar a ler um livro, freqüentar um curso ou elaborar um projeto, ele pode provavelmente ser rastreado até uma situação semelhante que tenha envolvido pelo menos um ser humano que fez com que você temesse ser sufocado. A situação não precisa ser idêntica àquela vivida no passado, mas deve ser suficientemente semelhante para evocar sentimentos de desamparo, impotência e vergonha que podem levar ao medo de ser dominado.

Vamos supor que você experimente o medo de engolfamento antes de começar a ler um romance. Pode-se recuar às interações pessoais nas quais tenha se sentido intimidado, esmagado ou inadequado. Ler um romance pode lembrá-lo, por exemplo, de ocasiões em que foi repreendido por "perder tempo lendo" por alguém que queria que fizesse outra coisa ou estava zangado ou com ciúme de você. Talvez lhe tenham dito que era "burro demais" para entender ou "preguiçoso demais" para terminar o livro. Se ler romances era seu jeito de fugir de alguém possessivo, excessivamente exigente ou de outras realidades infelizes, pegar um livro pode deflagrar o sentimento de dor e angústia associado a essas situações.

Muitas pessoas sentem medo de ser sufocadas no trabalho quando lhes pedem para finalizar um projeto ou participar de uma decisão de grupo. Esse tipo de situação pode evocar histórias de abuso emocional e interações negativas a respeito de sua competência. Pode também trazer à tona assuntos não resolvidos a respeito do processo de tomada de decisões em sua família (quando você tinha pouca idade e era impotente) ou durante um acontecimento que muda uma vida (doença grave de um ente querido ou trauma, como acidente de carro ou agressão). Vítimas de violência familiar ou de tortura política com freqüência ficam tensas em salas pequenas ou fechadas. O medo de se sufocar em espaços pequenos e ambientes confinados como automóveis, barcos e outros veículos pode ter se originado de experiências que envolviam risco de vida, em que foram mantidas presas em locais confinados. Em suma, a maior parte dos medos de engolfamento circunstancial pode ser rastreada até uma situação que envolvia seres humanos.

O medo de ser sufocado psicologicamente ocorre freqüentemente em situações novas, em que ainda não se teve chance de pensar sobre suas necessidades e limitações. Sob tais condições, você pode não saber quais são seus limites ou como estabelecê-los. Por outro lado, mesmo que os conheça, pode sentir que não terá forças para impô-los, porque a outra pessoa não vai respeitá-los nem honrá-los. Nesses casos, você pode temer, legitimamente, que a outra pessoa exija mais do que você quer ou pode dar. Isso lhe provoca a sensação de aniquilamento por essa pessoa.

O processo de empowerment

Empowerment (assumir poder ou dar-se licença) não significa eliminar o medo, mas aprender a entendê-lo e encontrar meios de administrá-lo. Somente ler e fazer os exercícios deste e de outros livros de auto-ajuda ou participar de algumas sessões de terapia não vão fazer seu medo desaparecer de forma rápida e indolor. Entretanto, ao confrontá-lo diretamente e adotar práticas para melhor entendimento e controle, seu medo de engolfamento diminuirá de intensidade e se manifestará com menos freqüência, e o nível de desconforto que cria em sua vida será menor.

Ao ler este livro talvez se sinta aliviado por descobrir que não está só, que muitos outros sofrem de claustrofobia emocional. Poderá se sentir exultante pelo fato de não ser louco e saber que o medo de ser sufocado é uma reação normal a determinadas situações corriqueiras, especialmente aquelas que envolvem aproveitadores, pessoas exageradamente exigentes ou psicologicamente perturbadas.

Ao avançar em seus esforços, você deverá passar por dois estágios desconfortáveis: o primeiro, no início do processo de *empowerment*; o segundo, depois que tiver feito um progresso significativo. Bem no início, há uma sensação de alívio assim que se percebe que o problema tem um nome, é vivido por outros e pode ser remediado. Entretanto, à medida que sentimentos e memórias que jazem sob o medo vêm à superfície, você pode se sentir em pânico ou esmagado. Além do medo de ser

INTRODUÇÃO

sufocado por relacionamentos pessoais, sociais ou profissionais, pode começar a ter medo de ser absorvido, soterrado ou mesmo obliterado pelas próprias emoções.

Algumas pessoas dizem sentir-se como se estivessem sufocando, afogando-se ou "partindo em pedaços". Outras se tornam muito ansiosas, com batimento cardíaco acelerado, transpiração intensa e outros sinais de estresse. Esse estágio inicial de cura foi chamado "estágio de emergência" (Bass e Davis, 1988). Quando você começa o processo de assumir o controle, pode parecer que as coisas pioram antes de melhorar, especialmente se seu medo de engolfamento estiver enraizado em experiências dolorosas ou traumáticas.

Durante o estágio inicial de percepção emocional, pode até experimentar um aumento de seu medo, em vez de uma diminuição, mas isso será apenas passageiro. Entretanto, como o medo de engolfamento tende a se intensificar nesse estágio inicial de aumento de percepção, é crucial que você conte com a ajuda de um profissional de saúde mental qualificado, de um grupo de apoio ou de um médico.

A crise da recuperação

Você pode vir a precisar de apoio também durante o segundo estágio do progresso terapêutico: depois de ter feito tanto avanço, estará realmente pronto para mudar. Mesmo que tenha trabalhado duro para alcançar a compreensão e dominar as técnicas que o capacitem a se liberar de parte de sua claustrofobia emocional, a perspectiva de mudança dessa magnitude pode ser aterrorizante. É nesse ponto, quando você está prestes a se libertar de certos temores, que um novo medo do desconhecido, de uma vida livre do medo de se sufocar, pode atropelá-lo e levá-lo de volta aos velhos padrões.

A recuperação, como qualquer mudança, é também uma forma de morte. A claustrofobia emocional é parte de você e de sua identidade. Mesmo que a considere uma parte muito indesejável de sua vida, à medida que comece a minimizar sua importância, você deve passar pelos estágios de luto descritos por Elisabeth Kubler-Ross (1969), normalmente associados à perda de uma pessoa querida ou ao processo da própria morte. Esses estágios compreendem negação ou choque, depressão, negociação, raiva e aceitação. O processo de luto pela perda de uma parte do ego pode ser tão angustiante e doloroso quanto o luto pela perda da pessoa amada, especialmente se o sintoma do qual você está se livrando for uma forma de conexão ou simbólico de uma conexão com uma pessoa ou valor que foi parte importante de sua vida.

Se ficar temeroso daquilo que trabalhou tanto para conseguir, ou começar a se condoer pela forma como mudou, não se envergonhe. É muito humano preferir o conhecido ao desconhecido, mesmo que o conhecido tenha causado considerável sofrimento. É importante compartilhar com alguém compreensivo qualquer sensação de perda, conversar sobre seu medo de se libertar finalmente e examiná-lo tão cuidadosamente como examinou o medo de asfixia.

Este livro é para você?

Este livro pode ajudá-lo se:

- você se sente assoberbado demais para comprometer-se com alguém, com um projeto ou trabalho difícil.
- você detesta reuniões familiares e eventos sociais e profissionais porque eles o sufocam ou aniquilam.
- você tem medo de que amizades íntimas, laços familiares e relacionamentos sociais ou românticos mais intensos possam privá-lo de sua identidade.
- quando confrontado com pessoas ou situações exigentes, você percebe que suas únicas opções são fugir ou esquecer suas necessidades e princípios e só fazer o que os outros esperam.
- você se sente sufocado por certas pessoas ou circunstâncias, mas não sabe por que nem o que fazer a respeito.
- você fica ansioso e culpa-se por se sentir sufocado por essas pessoas ou circunstâncias.

Introdução

- você desistiu de valiosas oportunidades pessoais, sociais e profissionais por causa do medo de ser sufocado por certas pessoas ou circunstâncias.

Cuidado

Muitas pessoas que têm medo de engolfamento consideram sua vida bastante satisfatória, sem grandes sofrimentos – com uma única possível exceção: o medo persistente ou intermitente de ser esmagado por alguém ou por alguma circunstância. Entretanto, o medo de engolfamento também é regularmente vivenciado por pessoas que sofrem de pânico, ansiedade ou distúrbio dissociativo, de depressão clínica ou doença maníaco-depressiva e de uma reação a trauma, como o estresse pós-traumático. Se você sofrer de um desses ou de outros diagnósticos psiquiátricos semelhantes, lembre-se de que precisará trabalhar separadamente essas questões.

Se seu medo de engolfamento está relacionado ao fato de ter sido maltratado, aterrorizado ou vítima de alguma forma de trauma, lidar com esse medo envolverá, necessariamente, examinar suas experiências negativas do passado. Se você tem um histórico de trauma ou está sofrendo no momento de algum distúrbio psiquiátrico grave, é recomendável que utilize este livro sob a supervisão de um profissional qualificado da área de saúde mental. Você também precisará de cuidados profissionais se estiver passando por uma séria crise de vida ou for dependente de álcool, drogas ou comida. Este livro é um acessório útil para a ajuda profissional, não seu substituto.

Os exercícios e as técnicas apresentadas neste livro foram utilizados por muitos profissionais de saúde mental e são considerados seguros para a maioria. Todas as exceções serão claramente apontadas. Este livro não é um guia para ajudar vítimas de violência familiar ou agressão sexual a confrontar seus agressores. O confronto com um ex-agressor necessita consideração e planejamento cuidadoso e recomenda-se orientação profissional.

Se, enquanto estiver lendo este livro, vir a desenvolver sintomas como hiperventilação, tremor incontrolável ou batimento cardíaco irregular; pensamentos e impulsos suicidas ou homicidas; sensação de estar perdendo o contato com a realidade, ainda que temporariamente; alucinações ou *flashbacks* extremamente vívidos de determinados acontecimentos traumáticos; sensação de estar desorientado, "no espaço", irreal, ou como se estivesse perdendo o controle; náusea extrema, diarréia, hemorragia ou outros problemas físicos, inclusive dor intensa, nova ou inexplicável, ou aumento dos sintomas de um problema médico preexistente; graves problemas de memória ou ansiedade; automutilação ou desejo de se mutilar; comportamento autodestrutivo, como abuso de álcool ou de drogas, auto-indução de vômito e jogar ou gastar compulsivamente, ou qualquer outro sintoma que o perturbe, deve interromper a leitura e procurar ajuda profissional imediatamente

Como utilizar este livro

O simples fato de ler este livro não vai produzir mudança significativa. Você tem de realizar as tarefas de escrita se quiser compreender melhor e ter maior controle sobre seu medo de ser sufocado. Todo tipo de mudança ou progresso requer tempo, energia e concentração. E, para começar, se o medo de engolfamento já não tiver consumido bem mais tempo, energia e concentração do que considera conveniente, você provavelmente nem o teria comprado. A curto prazo, fazer os exercícios sem dúvida vai tomar um pouco de seu tempo. A longo prazo, no entanto, se aprender a controlar o medo de engolfamento, estará economizando o tempo que gasta hoje em apreensões pelos encontros que suscitam esse medo e o tempo gasto para recuperar-se desses encontros.

A despeito do desejo sincero de lidar com a claustrofobia emocional, pode ainda lhe faltar motivação para levar a cabo as tarefas de escrita. Se for esse o caso, é recomendável buscar apoio para seus esforços, como a ajuda de um profissional de saúde mental ou de um amigo. Outra opção é estabelecer um compromisso com outra pessoa de que você vai promover um "encontro" consigo mesmo para trabalhar o medo de engolfamento.

Leia o livro lentamente e faça os exercícios escritos no seu próprio ritmo. Estabeleça um limite para a quantidade de trabalho; tente não escrever mais que trinta minutos de cada vez. Podem surgir ocasiões em que você queira escrever mais. Faça isso, mas pare ao primeiro sinal de esgotamento, ansiedade ou desconcentração.

Não há problema em pular um trecho aqui e ali durante a leitura do livro, mas os exercícios são apresentados em seqüência lógica. Um exercício prepara o seguinte. Se você não seguir essa ordem, perderá alguns dos benefícios da realização das tarefas. Na verdade, é impossível executar alguns dos trabalhos escritos sem ter cumprido tarefas anteriores.

Como este livro está organizado

Os capítulos 1 e 2 descrevem as causas mais comuns do medo de engolfamento. Algumas podem ser relevantes para você, outras não. Pode pular as que não se aplicam a você e focar aquelas que considera pertinentes para sua vida.

No capítulo 1 são examinadas as causas do medo que se originam na infância e na família. Elas compreendem ira, ciúme, intromissão e expectativas irreais de um dos pais ou do responsável. Outras causas possíveis do medo de engolfamento são: ser sufocado por um relacionamento excessivamente íntimo com um familiar, ser usado como joguete em conflitos familiares e conviver com um parente traumatizado ou gravemente estressado. Há exercícios de auto-avaliação para cada uma dessas causas com a finalidade de ajudá-lo a determinar qual delas é relevante para você e avaliar o impacto em sua vida.

No capítulo 2 são exploradas outras causas para o medo de engolfamento: acontecimentos ou pessoas prejudiciais fora do círculo familiar, dificuldade de estabelecer limites, experiências com organizações radicais e sistemas de crenças rígidos, sentimentos de raiva, ansiedade e excitação sexual e personalidades excessivamente dominadoras. Os exercícios de auto-avaliação do capítulo 2 o ajudarão a estabelecer quais dessas causas se aplicam a você.

No capítulo 3, você é orientado a fazer um Inventário de Claustrofobia Emocional. Sua primeira tarefa será relacionar todas as experiências de medo de ser sufocado que puder lembrar. Baseado nessa lista, deverá escolher três para examiná-las em profundidade – descrição do que aconteceu, qualidade do medo experimentado, reações físicas e corporais ao medo, como reagiu ao medo quando ele começou e como falou consigo mesmo durante o incidente. Você deverá também relatar o que estava pensando e como e por que se sentiu preso numa armadilha durante o incidente, assim como o preço que paga por sofrer desse medo.

No capítulo 4, você vai identificar as causas do seu medo de engolfamento nos três incidentes que escolheu para exame em profundidade e determinar quais desses medos pertencem ao passado e quais pertencem ao presente. Recomendam-se providências específicas se as causas de seu medo relacionarem-se a problemas de controle da raiva ou da ansiedade, maus-tratos ou trauma na infância, abuso ou maus-tratos no presente, repressão ou personalidades manipuladoras e excitação sexual.

O capítulo 5 descreve os métodos para confortar e acalmar a si mesmo, como respiração profunda, respiração abdominal, respiração tranqüilizante, relaxamento muscular progressivo, relaxamento ocular, exercício físico e criação de um lugar seguro.

No capítulo 6 você vai tentar descobrir convicções derrotistas que contribuem para o medo de engolfamento e destacar quais são verdadeiras e úteis das que já não são uma coisa nem outra. O passo seguinte será começar a criar novas convicções, mais claras e desejáveis.

No capítulo 7, você traçará um plano para controlar situações ameaçadoras. Isso vai envolver a visualização de um momento de medo e, a seguir, a visualização do mesmo evento com um desfecho desejável. O plano de tornar realidade esse desfecho desejável pressupõe a identificação de objetivos para aquela situação e o uso de certezas mais apropriadas, e não das antigas convicções que ajudaram a criar o medo de engolfamento. Este capítulo também o orientará no uso de certas habilidades de comunicação necessárias ao sucesso de seu plano.

O capítulo 8 indica como se encorajar quando tiver tomado a decisão de testar seu plano e como avaliar sua eficácia na redução do medo de ser sufocado por determinadas pessoas ou circunstâncias.

INTRODUÇÃO

A importância de escrever sobre experiências dolorosas

Pesquisas têm mostrado que pode ser de grande ajuda escrever sobre experiências dolorosas ou difíceis. Tal como a terapia em grupo, escrever pode ajudar a fomentar seu sistema imunológico e a manter seu corpo saudável (Pearlman, 1994). Escrever, como qualquer forma de expressão, pode ser uma atividade terapêutica. Escrever sobre experiências incômodas e sobre os aspectos perturbadores de seus relacionamentos o ajuda a ver tudo com mais clareza e lhe dá uma sensação de domínio de suas experiências. Quando põe alguma coisa no papel, você estabelece ligações que não percebia antes e pode ter contato com sentimentos que nunca experimentou. Talvez comece a sofrer por perdas que não o afligiam antes. Esse sofrimento é doloroso no início, mas pode ser benéfico a longo prazo, porque a dor não resolvida é um obstáculo ao crescimento emocional. E, ainda, entrar em contato com suas perdas pode ser o começo da capacidade de fazer planos e tomar decisões para seu futuro.

 Questionários e exercícios

Manter um diário

O percurso deste livro é um processo; o que significa que você talvez precise reler, reavaliar e expandir seu trabalho à medida que avança. Por esse motivo, será útil manter um diário de todos os exercícios escritos que fizer. Se você já possui um diário pessoal, é ainda melhor manter outro separado para as tarefas deste livro.

Muitos capítulos incluem questionários ou exercícios escritos. Quanto mais franco e detalhado for nesses exercícios, mais aprenderá sobre si mesmo e mais contribuirá para sua mudança e cura. Recomendo que compre um fichário de três furos, divisórias e folhas. Como você será convidado a revisar, reler e acrescentar coisas ao que escreveu em exercícios anteriores, o fichário permite adicionar folhas na medida do necessário. Você também será convidado a escrever a respeito de alguns relacionamentos e tópicos específicos, como sentir-se traído ou tornar-se medroso. As divisórias separarão cada tópico, facilitando sua localização.

Em alguns exercícios existem espaços em branco para ser preenchidos durante a leitura. Entretanto, é recomendável que copie esses exercícios em seu fichário, tanto por causa do espaço para escrever respostas mais completas, como pela facilidade de encontrá-las para uma releitura.

Lembrete final

Como um relacionamento depende da interação entre duas pessoas, não há garantia de que as sugestões aqui apresentadas transformarão completamente seus relacionamentos. Entretanto, você poderá exercer maior controle sobre sua maneira de agir e de se expressar em um relacionamento. A reação da outra pessoa não está sob seu controle, mas você pode fazer o melhor possível para se comunicar com clareza e para se proteger, evitando raiva, dor ou depressão.

Lembre-se de que este livro é somente um guia inicial para melhorar a qualidade de seus relacionamentos. Nenhum livro de auto-ajuda, por melhor que seja, pode substituir o aconselhamento individual, de casais ou de família.

Alguns exercícios e sugestões apresentados podem ser úteis, outros, nem tanto. O que ajuda uma pessoa pode não ajudar outra. Se determinado exercício não se aplicar a você nem lhe oferecer esclarecimento nem alívio, isso não significa que você não tem a resposta "certa" nem que não está se esforçando o bastante. Confie em seus instintos, mas lembre-se de que o objetivo é confrontar e diminuir seus medos.

1ª PARTE

Compreensão da Claustrofobia Emocional

CAPÍTULO 1

Sua família contribuiu?

O medo de engolfamento pode ter uma única causa ou várias. Pode ter se originado de um relacionamento com uma pessoa dominadora ou de ter sofrido agressão ou abuso.

A claustrofobia emocional também pode ser conseqüência do convívio sob o mesmo teto com alguém que sobreviveu a um trauma ou a situações extremamente estressantes. Crianças pequenas tendem a ser como esponjas: são biologicamente configuradas para responder aos sentimentos dos pais. Tenha você sido criado por pais biológicos ou por padrasto/madrasta, avós, pais adotivos ou outros responsáveis, quando criança estava sintonizado com as emoções dos adultos que tomavam conta de você.

Se sua mãe, seu pai ou outro adulto da família sofreu trauma ou estresse grave, seus sentimentos de raiva, dor e sofrimento eram, indubitável e justificavelmente, intensos a ponto de se tornar quase insuportáveis para adultos e mais ainda para crianças. Qualquer criança exposta a esse quadro emocional tão doloroso poderá se sentir engolfada com facilidade. E assim, quando adulta, facilmente ser envolvida pelas emoções fortes dos outros ou por pessoas ou circunstâncias que a fazem lembrar da mãe (por exemplo) ou do trauma ou do estresse sofridos pela mãe.

A dificuldade de impor limites é outra grande fonte de claustrofobia emocional. Qualquer uma das experiências citadas é empecilho para que se possa impor limites em atividades ou relacionamentos. Sentir-se em conflito ou incapaz de estabelecer limites pessoais pode também ser decorrência do fato de ter convivido com pais ou pessoas que não se impunham limites ou rejeitavam, ridicularizavam e o puniam quando você tentava afirmar suas necessidades e vontades legítimas. Você pode ainda enfrentar dificuldades de impor limites se cresceu num ambiente em que exigências rigorosas ou conflitantes lhe eram impostas ou se participou de organizações religiosas, políticas ou sociais que exigiam a maior parte de seu tempo e atenção.

Por outro lado, o medo de ser sufocado pode ser uma reação correta a algumas pessoas na sua vida atual que são sufocantes (ou potencialmente sufocantes) porque carregam energias positivas ou negativas intensas ou têm grande habilidade de manipular emocionalmente os outros. O medo de engolfamento pode ser também reflexo da dificuldade de lidar com determinadas emoções, como a ira, o desejo sexual e a ansiedade. Embora seja geralmente prazeroso, o desejo sexual pode ser problemático quando a pessoa se sente culpada ou teme que ele seja incontrolável e a leve a um comportamento sexual autodestrutivo. O desejo sexual se torna problemático quando vai contra padrões comportamentais, morais ou religiosos ou quando é despertado por quem se nutre de fortes sentimentos negativos.

Neste capítulo, serão explorados mais amplamente os motivos do medo de engolfamento cuja origem possa ser traçada até a família ou a primeira infância. O próximo capítulo explorará outras causas desse medo. Em ambos, você será convidado a realizar exercícios escritos que o ajudarão a identificar possíveis fontes do medo de asfixia.

Responda às questões da forma mais franca e completa que puder. Se uma pergunta não se aplicar a você, pule-a e vá para a próxima. Você também deverá observar e anotar as reações emocionais a essas questões, pois podem fornecer pistas valiosas a respeito de como reagiu no passado às situações sobre as quais está escrevendo agora.

Conhecimento é poder. Compreender as causas de seu medo é o primeiro passo para dominá-lo.

Pais e responsáveis

Quando criança, você era tão pequeno fisicamente e dependente de seus responsáveis que eles quase consumiam sua vida. Seus primeiros anos foram passados nos braços e na casa dessas pessoas. Suas emoções o rodeavam e você inevitavelmente respondia ao estado emocional deles, como eles respondiam ao seu. De muitas maneiras, estava à mercê dos cuidados e das vontades deles. Quando era bem pequeno, você (a menos que fosse uma criança incomum) instintivamente punha de lado suas vontades e necessidades e seguia a vontade de seus responsáveis. Como sua sobrevivência dependia da boa vontade deles, contrariá-los seria muito perigoso.

Dada a diferença de tamanho e de força, seria bem natural que a criança eventualmente sentisse medo de que um desses adultos pudesse machucá-la ou mesmo matá-la. Esse é o caso, em especial, quando um (ou mais de um) dos responsáveis é, ou era, violento ou agressivo. Entretanto, o medo de engolfamento tem a ver com sentir-se sufocado ou asfixiado, e não com apanhar nem ser morto.

A idéia de os pais sufocarem ou esmagarem os filhos pode ser encontrada em muitos mitos primitivos. Neles, os pais não matam os filhos para comer: engolem a criança inteira, e ela permanece viva dentro deles, engolfada por seu corpo. Uma interpretação desses mitos é que expressam o medo infantil de ser dominado física ou psicologicamente pela presença e pelas expectativas do pai ou da mãe, fisicamente mais forte e mentalmente mais capaz. Esse medo pode ser considerado totalmente normal, dado o tamanho pequeno, as capacidades mentais não desenvolvidas e a dependência emocional e física da criança do pai e da mãe.

Ciúme e hostilidade dos pais

Outra interpretação desses mitos é que os pais têm ciúme da vitalidade, inocência e beleza da criança e a engolem para incorporar essas qualidades. Outra interpretação ainda é que o pai ou a mãe tolhe o crescimento do filho ou da filha porque teme que se torne no futuro um rival sexual ou solape seu poder.

Até os adultos mais dedicados e responsáveis podem vivenciar momentos de ciúme e desejar incorporar as qualidades do filho que perderam em razão da idade, de doença, do tempo etc. Mesmo os responsáveis com considerável autoconfiança podem às vezes se ressentir da atenção que uma criança recebe e de seu poder na família.

Em famílias com padrasto ou madrasta e famílias de adoção, deve-se esperar ciúmes entre seus membros no início, quando pessoas sem relação biológica enfrentam o desafio de juntar-se em uma unidade. Se você cresceu em um lar onde um ou os dois responsáveis não era(m) parente(s) seu(s), e o ciúme inicial normal durou muito ou aumentou com o tempo, pode ter sido alvo de ciúme não somente de um ou mais adultos responsáveis, mas de um ou mais de seus filhos ou parentes biológicos adultos, que podem não ter aprovado a adoção, o casamento ou o arranjo feito.

Se um de seus pais ou responsáveis tinha sentimentos momentâneos de ciúme em relação a você, pode ter captado esses sentimentos e se sentido ameaçado por eles. O ciúme pode ter feito com que temesse que essa pessoa não cuidasse de você ou o abandonasse, ou que eles convencessem as pessoas responsáveis por você a rejeitá-lo ou maltratá-lo. Em conseqüência, pode ter desenvolvido o medo temporário de ser sufocado, que refletia esses sentimentos negativos em relação a você.

Entretanto, se seus responsáveis agiam adequadamente e raramente ou nunca com base em sentimentos de ciúme ou hostilidade por você, ou se ignoravam as tentativas de outros de rejeitá-lo ou prejudicá-lo, é muito improvável que seu medo de engolfamento atual se origine dessa fonte. Somente se os sentimentos de hostilidade e ciúme de um responsável por você foram fortes e persistentes, e levaram a ações que inibiram ou afetaram seu crescimento quando criança, podem ser considerados fonte potencial de seu medo de sufocamento.

Se foram os sentimentos negativos de um membro da família que contribuíram para o desenvolvimento de sua claustrofobia emocional, sempre que você se encontra na presença de pessoas que o fazem lembrar aquele parente desagradável, como figuras de autoridade, por exemplo, ou quando está com pessoas que sente ter poder sobre você (como seus pais ou responsáveis tinham), pode ter medo de ser sufocado por essas pessoas, no momento atual, de forma semelhante ao que sentia no passado. Quando criança, você tinha poucos meios de se defender desses sentimentos tão negativos das pessoas próximas. Hoje, adulto, pode desenvolver essas defesas, e esse é um dos objetivos deste livro.

Abuso físico e sexual

As definições do que constitui abuso e agressão variam. Em geral, agressão é toda violação da integridade de uma pessoa, seu espaço pessoal, sua mente ou seu corpo, no âmbito de um relacionamento íntimo, familiar ou outra forma de vínculo afetivo, em que a vítima suspeita que o agressor seja capaz de mutilá-la ou matá-la.

Os agressores muitas vezes preparam uma armadilha bastante complexa para suas vítimas. A violência física é apenas um dos componentes dessa armadilha, mas é o que reforça o controle social, econômico, psicológico e sexual do agressor sobre a vítima.

Os aspectos físicos do abuso incluem empurrar, agarrar, trancafiar, estapear, morder, chutar, asfixiar, golpear, esmurrar, atirar objetos, abandonar em lugares perigosos, estuprar, fazer ameaças ou dirigir de forma imprudente. Compreendem ainda recusar ajuda a pessoa doente, ferida ou grávida.

Os aspectos sociais do abuso incluem impedir que a vítima escolha seus amigos, forçar seu afastamento de outros (inclusive membros da família), humilhá-la verbalmente em público e impedir sua presença em atividades sociais. O agressor pode usar eventos sociais como arma, condicionando o eventual comparecimento – um prêmio por obediência – a exigências e ter comportamento imprevisível durante o evento.

O aspecto econômico do abuso compreende controlar as finanças da família, inclusive os ganhos da vítima, determinar se pode ou não trabalhar e sua escolha de emprego, importuná-la no trabalho, fazer ameaças a seus empregadores e colegas, aviltá-la e controlar o dinheiro destinado a saúde, necessidades dos filhos, obrigações familiares e compromissos (férias, contas de telefone, presentes, visitas etc.).

O abuso emocional compreende ignorar os sentimentos da vítima, ridicularizar ou insultar o grupo a que ela pertence (sexual, religioso, orientação sexual, origem racial ou étnica, profissional etc.), insultar crenças que lhe são caras, negar aprovação ou afeição como meio de castigo, xingá-la, esbravejar, insultar sua família ou seus amigos, recusar tomar parte em atividade social com a vítima, humilhá-la, recusar trabalhar ou dividir os ganhos, castigar os filhos quando está com raiva da vítima, ameaçar seqüestrar as crianças se ela for embora, maltratar animais domésticos para magoá-la, controlar por meio de mentiras e falsos pretextos, tomar praticamente todas as decisões a respeito da vida da vítima.

O abuso emocional é tão importante que constitui uma categoria própria, distinta da agressão física ou sexual, e é tratada em separado na próxima seção. Entretanto, ela é também parte da ofensa física, e a maioria das vítimas de abuso físico ou sexual declara que o abuso emocional que suportaram era quase tão doloroso quanto a própria violência física ou sexual sofrida — se não mais lesivo.

A agressão sexual não inclui somente forçar ato sexual, mas também fazer observações aviltantes sobre o sexo da vítima ou sua atratividade sexual, forçá-la a vestir-se de maneira mais sensual, ignorar seus sentimentos a respeito de sexo, criticá-la sexualmente, insistir em atos sexuais indesejados, negar sexo e afeição, insistir em toques indesejados, mostrar interesse, publicamente, em outros potenciais parceiros sexuais, ter casos ou falar sobre ter casos depois de prometer fidelidade.

Os agressores muitas vezes rotulam seu abuso como um tipo de amor ou disciplina necessária. Mas o amor não deve ferir, e todo abuso, por mais que se disfarce de amor, não é afetivo e envolve hostilidade.

Quaisquer que sejam as especificidades de sua história, ficar preso a um lar ou relacionamento abusivo é, por definição, uma experiência sufocante. Essa agressão o consome emocional e fisicamente, talvez também sexualmente. O medo de certas situações, como tomar decisões, agendar compromissos, estar presente em determinados lugares e aposentos ou comparecer a reuniões, pode estar relacionado a seu passado de abuso.

SUA FAMÍLIA CONTRIBUIU?

O abuso é abrangente. A vítima sofre não apenas durante sua ocorrência, mas também depois, e contamina quase todos os aspectos de sua vida. Em muitos casos, o agressor não apenas feriu física ou sexualmente sua vítima, mas também afetou a sociabilidade, a religiosidade, as condições de saúde e educação e os relacionamentos interpessoais da vítima.

Se você se distanciava emocionalmente, entrava em transe ou em estado de entorpecimento durante a agressão, talvez não tenha se *sentido* engolfado, mas estava. O estado de torpor era um sinal de que estava se defendendo contra uma dor ou um estresse aniquilador.

Auto-avaliação: abuso físico e sexual

Escreva "Abuso físico e sexual" no alto de uma página em branco de seu diário e responda às seguintes perguntas da melhor maneira que possa:

1. Você sofreu abuso físico ou sexual da parte de pai, mãe, responsável, irmão ou outro membro da família?

2. Se a resposta for afirmativa, escreva três ou quatro frases a respeito da experiência de ter sido subjugado emocional, sexual ou fisicamente por outra pessoa. Escreva mais três ou quatro linhas sobre como essa agressão influenciou sua auto-estima, suas relações familiares e com outros de sua idade ou meio.

3. Você consegue identificar no mínimo três maneiras pelas quais o abuso sofrido foi uma experiência asfixiante que se prolongou depois da agressão?

4. Como é pensar a respeito de suas experiências com abuso físico ou sexual e escrever sobre elas? Em que medida pensar nelas suscita emoções importantes associadas a essa parte de seu passado? Se você se sentiu derrotado ou desorientado por sua reação a este exercício escrito, é importante que busque ajuda profissional.

Agressão atual

Se atualmente está sofrendo algum tipo de agressão física ou sexual, procure ajuda já. Nenhuma leitura, terapia ou trabalho sobre si mesmo vai interromper esse abuso; você precisa de assistência profissional e jurídica. Entre em contato com o serviço social local, algum programa de auxílio a pessoas vítimas de abuso, hospitais ou a polícia para descobrir que tipo de ajuda está disponível para as vítimas de incesto, agressão do cônjuge, agressão a crianças, agressão a idosos e outras violências domésticas. Tais formas de abuso não são apenas violações do mais alto grau contra a pessoa, mas também crimes passíveis de punição.

Abuso emocional

O abuso emocional não é um incidente isolado como ser alvo de xingamentos e ser ridicularizado por outros. Trata-se de uma agressão verbal constante em que a vítima é sistematicamente rejeitada e ridicularizada, incorporando sentimentos de humilhação e alienação. Outra forma de abuso emocional é ser transformado em bode expiatório da família. Por motivos irracionais, o bode expiatório é a pessoa que leva a culpa de tudo que dá errado na família, como doenças, acidentes, romances que acabaram, perdas financeiras ou algo errado feito por outro membro da família. É o culpado por esses e outros problemas mesmo sem a menor possibilidade de tê-los causado sozinho. Enteados e filhos adotivos ou de criação são fortes candidatos a bodes expiatórios, conseqüência da rivalidade entre irmãos que existe em todos os lares em alguma medida, mas que pode ser ampliada pela presença de um irmão adotivo ou meio-irmão.

 Auto-avaliação: abuso emocional

Intitule uma página do seu diário como "Abuso emocional" e responda às questões a seguir da melhor maneira possível:

Você foi emocionalmente agredido por pai, mãe, um responsável ou membro da família? Quem o agrediu emocionalmente? Com que freqüência essa agressão ocorria? Em que consistia? (Isto é, o que diziam de você? Era chamado de burro, feio, mau, descuidado, imprestável, louco, sujo ou outro adjetivo negativo?) Mesmo que seja doloroso, faça uma lista das coisas negativas ditas a seu respeito. Com que freqüência você esteve sujeito a tais humilhações: diariamente, semanalmente ou somente em certas ocasiões?

Se você era usado como bode expiatório, quem fazia isso e o culpava de quê? Pense em três ou quatro situações negativas pelas quais você levou a culpa, mesmo que não tenha desejado que ocorressem nem que tivesse a menor possibilidade de causá-las. Escreva três ou quatro frases sobre cada um desses acontecimentos no seu diário. Indique também com que freqüência você foi usado como bode expiatório. Escreva então cinco ou seis frases falando de como o fato de ser agredido emocionalmente afetou seus sentimentos sobre si próprio, o relacionamento com outras pessoas e sua capacidade de amar, trabalhar e brincar.

Releia o que acabou de escrever. Dadas essas informações, você pode concluir que o fato de ter sido emocionalmente agredido foi uma experiência preponderante que afetou muitos aspectos da sua vida?

Pense agora nas últimas vezes em que foi avaliado ou criticado. Escreva três ou quatro linhas a respeito de como reagiu. Você sentiu o medo de engolfamento nessas ocasiões? Que sentimentos vêm à tona quando você pensa e escreve a respeito de ter sido emocionalmente agredido? Lembre-se de que se isso lhe provoca grande desconforto deve procurar orientação profissional.

Ser agredido emocionalmente ou transformado em bode expiatório da família significa que uma quantidade considerável de energia negativa e hostilidade lhe foi dirigida por um ou mais membros da família. Quando criança, você não tinha meios de se defender contra essa hostilidade, pois ela vinha exatamente das pessoas de quem dependia para sobreviver. Conseqüentemente, o fato de ser criticado quando adulto, mesmo quando essa crítica é amena ou legítima, pode ressuscitar a claustrofobia emocional associada ao sofrimento infantil.

Em suma, o abuso emocional, tal como o físico e o sexual, é uma experiência sobrepujante que pode preparar o terreno para o medo de engolfamento subseqüente. Se você foi agredido física, sexual ou emocionalmente quando criança e hoje sofre do medo de asfixia, é muito provável que ele derive, pelo menos em parte, daquelas agressões.

Sua privacidade foi invadida?

Se você foi agredido no âmbito familiar, o agressor pode ter sido alguém emocionalmente distante de você (exceto durante a agressão). Por outro lado, essa pessoa pode ter se mostrado obsessivamente preocupada com você, a ponto de tentar dominar cada movimento seu e os níveis mais profundos de sua psique. Portanto, não é necessário que os pais ou responsáveis tenham sido agentes de abuso para ter invadido sua privacidade.

Pessoas emocionalmente imaturas ou inseguras tendem a ter problemas para estabelecer relacionamentos pessoais em seu meio e para se engajar em atividades que lhes sejam significativas. Na tentativa de manter algum relacionamento interpessoal e estabelecer um propósito de vida, elas podem se agarrar a outro membro da família e tentar drenar sua energia vital. A pessoa que escolhem é muitas vezes uma criança, porque crianças têm menos defesas e são emocional e financeiramente dependentes. O termo "intruso" é muitas vezes usado para se referir a indivíduos que, na tentativa de preencher o vazio dentro de si mesmos ou de mitigar suas muitas ansiedades, intrometem-se física e psicologicamente na vida de outra pessoa (ou pessoas). Adultos intrusos podem ser caracterizados como parasitas emocionais: alimentam-se dos sentimentos e da força vital dos outros.

Adultos intrusos não são necessariamente agressivos física ou sexualmente. Pelo contrário, podem até adorar ou quase venerar a(s) criança(s) escolhida(s). De certo modo, podem realmente amar a criança e contribuir com seu desenvolvimento. Sua intromissão, entretanto, é emocionalmente prejudicial. Além disso, o fato de a pessoa não ser de todo má cria uma confusão emocional na criança.

Se o pai ou responsável é simplesmente cruel, a criança pode sentir raiva desse adulto e, se a crueldade for grave o bastante, pode mesmo ser capaz de denunciar e rejeitar o pai (mãe ou responsável). Mas quando o responsável é ao mesmo tempo amoroso e generoso, e também exigente e intrometido, a criança tem sentimentos confusos. Sentimentos conflitantes em relação ao responsável, como amor e ódio, respeito e ressentimento, tornam mais difícil para a criança identificar as qualidades negativas daquele responsável e a mantêm ligada a ele por tempo mais longo. É mais fácil lidar com um sentimento dominante em relação a outra pessoa que ter duas emoções fortes e conflitantes sobre ela.

Diferenças culturais

O que é considerado invasivo em uma cultura pode ser normal em outra. Grupos culturais e religiosos diferem muito sobre o nível apropriado de interação e proximidade tanto física como emocional. Por exemplo, muitos americanos vêem programas de rádio e televisão em que as pessoas discutem abertamente seus sentimentos e problemas familiares. No entanto, em outras sociedades compartilhar sentimentos e assuntos familiares com estranhos é considerado um ato vergonhoso e uma traição à família.

Outro exemplo é o ato de dar as mãos entre pessoas do mesmo sexo, atitude comum (mesmo entre homens heterossexuais) em muitos países do Mediterrâneo e do Oriente Médio, mas rara nos Estados Unidos, por exemplo. Se alguém do mesmo sexo quisesse andar pela rua de mãos dadas com você nesse país, e você não for homossexual, poderia achar essa pessoa fisicamente intrusiva. Se estivesse na Grécia ou no Egito, sua recusa em dar as mãos, independentemente de sua orientação sexual, seria considerada rude e insultante.

Se sua família ou seus responsáveis vêm de culturas como essas ou tinham pouco espaço em casa e muitas pessoas se aglomeravam nos cômodos, não seria considerado invasivo que um membro da família, mesmo um primo distante, entrasse em seu quarto ou seu espaço pessoal sem avisar nem ser convidado, enquanto em muitos lares americanos de classe média esse comportamento seria visto como intrusivo. Em muitas culturas, não existe o conceito de espaço pessoal e de privacidade. Por exemplo, não há, no idioma russo, nenhuma palavra que corresponda ao termo "privacidade", e a própria idéia de que ter privacidade é algo desejável é nova na cultura (La Franiere, 2000).

Nos Estados Unidos, há importantes diferenças étnicas a respeito do que é considerado proximidade "normal". Por exemplo, em geral os grupos *wasp* (sigla que significa branco, anglo-saxão e protestante) tendem a valorizar a individualidade e a frieza emocional. Em contraste, hispânicos, judeus, árabes, eslavos, além de italianos e outros grupos de ascendência mediterrânea, tendem a colocar maior ênfase na interdependência entre membros da família e na lealdade à família que na auto-afirmação e na independência pessoal. Além disso, entre esses grupos, há mais aceitação da expressividade emocional que entre os grupos do norte da Europa.

Suponha que sua mãe more a sessenta quilômetros de distância e peça que você a busque e a leve a um evento familiar. Em alguns grupos étnicos, um pedido desses poderia ser considerado do outro mundo e intrusivo. Se você atendesse ao pedido de sua mãe, seus amigos (ou o terapeuta) poderiam considerá-lo "exageradamente dependente". Por outro lado, se você for italiano, grego, judeu ou de alguns países da África, tal pedido não seria intrusivo em absoluto, mas bem normal. Você poderia até ser visto como egoísta e desleal à família se não aceitasse de imediato o pedido de sua mãe. E, ainda, se sua mãe não lhe pedisse para buscá-la e se arranjasse de outra maneira, essa atitude poderia significar que ela estava zangada com você e quis castigá-lo.

Determinar se um comportamento ou uma expectativa específica são ou não intrusivos torna-se difícil se você pertence a uma cultura em que familiares se permitem fazer grandes exigências uns aos outros e o espaço pessoal e a privacidade não são valorizados. Considere as seguintes questões: esse comportamento é geralmente aceito ou é considerado "normal", dadas as origens e o histórico cultural daquela pessoa? Os semelhantes culturais daquela pessoa considerariam seu comportamento intrusivo e incomum ou o achariam bastante rotineiro? Esses semelhantes culturais agiriam de maneira parecida?

Assumindo que o comportamento da pessoa em questão pode ser explicado pela prática cultural, você deve considerar ainda se ele existe isoladamente ou é parte de um padrão mais amplo de conduta dessa pessoa, que pode incluir atos que mesmo os de sua cultura considerem radicais ou excepcionalmente exigentes. Ainda que o comportamento dela seja culturalmente aceitável e não faça parte de um núcleo de atos intrusivos, ele pode ser sufocante para você. Mesmo que um comportamento seja parte de um padrão cultural e não tenha a intenção de prejudicá-lo, você pode se sentir sufocado e considerá-lo inconveniente e intrusivo.

Se determinada ação é intrusiva para você, e no entanto ela é amplamente praticada por pessoas de sua cultura ou da cultura da outra pessoa, você terá de enfrentar um dilema especialmente difícil. Deverá dizer àquela pessoa que acha suas ações indesejáveis, mesmo que, na cultura dela, esse comportamento seja considerado normal e corriqueiro. Tentar esclarecer por que considera o comportamento dela ofensivo pode ser complicado, pois ela pode vê-lo como alguém estranho ou agressivo por questionar algo que, na formação cultural dela, é geralmente aceito.

Você também pode se sentir deslocado ou desleal a seu grupo se descobrir que o comportamento culturalmente aprovado de uma pessoa é intrusivo, ofensivo ou inaceitável para você. Só porque certo comportamento é considerado normal e permissível numa cultura isso não significa que seja aceitável para você. Em primeiro lugar, embora muita gente naquela cultura pareça aceitar o comportamento ou costume, isso não significa que todos gostem dele de fato. Algumas pessoas que externamente aprovam comportamentos ou padrões culturais que você considera intrusivos ou sufocantes podem sentir-se exatamente como você, porém escondem o desconforto "engolindo e sorrindo" para se sentir aceitas pelo grupo. Em segundo lugar, em todos os grupos, por mais semelhantes que as pessoas sejam, existem diferenças individuais de interesse, nível de atividade, modo de reagir, necessidades emocionais e espirituais.

Entre imigrantes e minorias étnicas, existem três padrões que podem emergir no processo de adaptação à cultura dominante. Alguns rejeitam totalmente suas raízes adotando língua, modo de vestir, religião e estilo de vida da cultura dominante e consideram sua base cultural étnica inferior. Em essência, eles se divorciam de sua herança cultural. Outros se agarram às origens, tornando-se rígidos na tentativa difícil de manter a identidade étnica quando a cultura dominante tem valores diferentes ou conflitantes. Todos os aspectos de sua cultura, mesmo os que não são adequados nem práticos no novo ambiente, são considerados sagrados. E qualquer desvio, mesmo que seja legítimo devido a pressões sociais e diferenças individuais, é recebido com hostilidade e visto como uma forma de abandono da tradição familiar e da herança cultural.

Outras pessoas, ainda, lutam com a questão da assimilação cultural. Querem manter alguns aspectos da cultura de origem, mas não todos. Muitas decisões devem ser tomadas, e cada escolha pode ser angustiante. Haverá pressões da geração mais velha e dos contemporâneos que assumiram os valores tradicionais para conservar as coisas da maneira como eram. Nenhuma exceção individual é permitida.

Se você se sente incomodado com algumas práticas culturais invasivas e quando tenta criar algum espaço para si mesmo vira alvo de rejeição e hostilidade, a tendência é se divorciar de sua cultura, como outros fizeram. Na tentativa de se libertar das tradições culturais específicas que o estão sufocando, você pode se ver pensando em recusar sua cultura na totalidade.

Negar a própria cultura pode ser um processo doloroso e devastador, envolvendo muitas perdas. Entretanto, talvez tenha de escolher entre deixar que sua cultura o sufoque ou abandoná-la por completo. É nesse momento que precisa decidir que aspectos de sua cultura lhe servem como fonte de estímulo e apoio e quais impedem seu crescimento pessoal ou criam um medo de engolfamento. Quanto mais certeza tiver a respeito das ações ou costumes específicos que lhe causam o medo de asfixia, mais limites poderá estabelecer a esses aspectos ou mesmo abandoná-los totalmente.

Como se diz em programas passo a passo: "Pegue o que você quer e deixe o resto". A idéia é muito mais difícil de executar do que parece. Se você vem de uma família ou de um grupo que está decidido a conservar os velhos costumes a qualquer preço, deve enfrentar forte resistência ao tentar mudar algum aspecto do padrão cultural. Se sua família ou seu grupo tem conflitos a respeito da mudança cultural, toda a ansiedade provocada sobre o que mudar e em que medida pode ser projetada sobre você quando se mostrar claro e decidido a respeito do que quer e do que não quer daquela cultura. Você pode se tornar o bode expiatório deles quanto ao medo de mudança e também em relação ao medo de não mudar.

Uma pesquisa recente (Goldstein e Suro, 2000) sobre imigrantes latino-americanos que vivem nos Estados Unidos descobriu que 87% dos latinos de primeira geração acreditavam ser melhor que os filhos vivessem na casa dos pais até se casar. Somente 42% de não-latinos concordam com esse ponto de vista. Se você é filho de latino-americanos e seus pais são contra sua decisão de sair de casa e morar por contra própria, essa oposição tem menos probabilidade de ser um ato de intromissão em sua vida pessoal que se você descende de anglo-saxões. Mas isso não significa que, se você for hispânico, não tenha o direito de se sentir chantageado emocionalmente quando seus pais imigrantes alegarem que desgraçará o nome da família se alugar o próprio apartamento.

Em suma, você precisará levar em conta a base cultural do indivíduo que considera intruso. Uma ação que cria medo de engolfamento em você pode ser inofensiva e rotineira para ele. Você não pode denunciar as atitudes hostis, como ciúme ou agressividade, de alguém que está agindo de maneira consistente com sua herança cultural. Seu desafio poderá ser, então, comunicar-se com essa pessoa não como alguém que está tentando sufocá-la ou prejudicá-la, e sim como alguém que não entende que suas necessidades são diferentes das dela, mesmo que tenham uma herança cultural comum. Dependendo da cultura, essa pessoa pode achar que você não tem direito a necessidades individuais, considera-as patológicas e erradas ou atos de deslealdade à família e ao grupo. Compete a você, no entanto, decidir o que é melhor para diminuir sua claustrofobia emocional.

Auto-avaliação: intromissão

Em uma folha do diário, escreva o título "Experiências de intromissão" e responda às seguintes questões da melhor maneira que puder. Enquanto responde, tenha em mente o padrão que é, ou era, considerado normal por seu grupo étnico ou religioso. O que você está classificando de invasivo é parte de uma norma cultural? Se você se afastou desse grupo cultural, hoje pode considerar intromissão determinado comportamento. Entretanto, em seu contexto original, talvez ele seja corriqueiro.

Se você é de origem italiana e sua mãe lhe faz perguntas detalhadas a respeito de como está se alimentando, não deve interpretar isso automaticamente como tentativa de controlá-lo ou sufocá-lo. No entanto, o comportamento dela, ainda que seja sancionado culturalmente, pode lhe soar como intromissão e você talvez busque meios de restringi-lo. Se a atitude dela for condizente com sua origem cultural, terá de reconhecer isso quando conversar sobre o assunto. Você poderia dizer, por exemplo: "Sei que, na Itália, as mães perguntam aos filhos o que eles comem; essa é uma maneira de demonstrar amor. Mas já sei que você me ama e me sinto desconfortável quando me pergunta o que comi ou deixei de comer. Embora sua intenção seja boa, não quero mais ter esse tipo de conversa". Se sua mãe não aceitar o pedido, utilize as orientações dos últimos capítulos deste livro para impor limites pessoais e deixar isso bem claro.

Pense em seu passado. Algum parente falava em querer "ter você só para si" ou "ser dono da sua alma" ou mesmo "devorar você inteiro" e persistia nesse tipo de atitude, intrometendo-se em sua vida ou tentando imitar você?

Essa pessoa invadia seu espaço, indo a seu quarto e a seus ambientes de lazer ou estudo para observá-lo e imitar o que você estivesse fazendo e para interrogá-lo sobre seus pensamentos, sentimentos ou atividades? Você pode identificar ao menos três comportamentos dessa natureza? Com que freqüência essa pessoa se intrometia? Isso acontecia regularmente ou apenas durante um período limitado?

Suponhamos que você suspeite que seu padrasto tenha sido um intruso. Quando você estava falando com amigos, ele entrava na conversa sem ser convidado, mesmo que fosse óbvio estar interrompendo a ligação que havia entre você e os outros? Se a resposta for sim, com que freqüência ele agia dessa maneira? Recordando, parece-lhe que, toda vez que você mostrasse intimidade ou se divertisse com outra pessoa, seu padrasto se intrometia e tentava fazer parte daquela interação e que ele tinha dificuldade de iniciar e manter por conta própria relacionamentos interpessoais?

Não é necessariamente intromissão se membros da família por vezes se incluem em uma atividade social, especialmente se for uma comemoração ou uma festa. Entretanto, se tal comportamento não for parte da norma em seu grupo religioso ou cultural; se você indicou claramente que a presença dessas pessoas não é desejada; se elas se intrometeram em atividades muitas vezes e em muitos tipos de situação; e/ou se sua chegada desfez a comunicação que estava acontecendo, as ações delas podem, talvez, ser consideradas intrusivas. É esse o caso, especialmente, se a atividade não era apropriada para a faixa etária da pessoa ou se ela parecia incapaz de manter envolvimentos pessoais, sociais ou profissionais por si mesma.

Suponhamos, por exemplo, que você tenha sido criado por sua avó e que, quando era adolescente e dava uma festa do pijama, ela participava como se fosse "uma das meninas". Embora fosse adequado passar algum tempo com os convidados para ser simpática e supervisionar a festa, não seria apropriado pôr roupa de dormir e participar das conversinhas e risadas como se fosse uma adolescente. Nem seria adequado fazer a seus amigos muitas perguntas pessoais ou de algum modo sondar a vida pessoal deles.

Um comportamento assim sugere intromissão, especialmente se sua avó tinha poucos amigos ou interesses próprios. Poderia haver diversos motivos operando nesse caso. Ela poderia estar tentando recuperar a juventude, distrair-se ou se certificando, ciumentamente, de que sua afeição principal era ela, e não seus amigos.

Alguns exemplos isolados de comportamentos como esse não constituem base para acreditar que sua avó (ou qualquer membro da família) era intrusiva. Entretanto, se determinado membro da família repetidamente invadia seu espaço psicológico e você começou a sentir que aquela pessoa tentava se apossar de sua vida (ou viver à custa dela), o que o fazia gastar um bocado de energia imaginando maneiras de escapar dela ou evitá-la para ter um pouco de privacidade ou de espaço para respirar, provavelmente é justo concluir que essa pessoa se comportava de maneira intrusiva.

Quando registrar exemplos de intrusão em seu diário, procure anotar as circunstâncias específicas em que ocorreram – lugar, hora, época do ano ou qualquer acontecimento associado a essa intromissão. Ela ocorria somente em casa ou também na escola, no trabalho, na casa de outras pessoas, em outros lugares? Estava associada com alguma festa, feriado especial e com certos eventos familiares?

Havia aspectos particulares seus que interessavam mais a esse parente intrusivo? Identifique pelo menos três e escreva uma ou duas frases sobre cada um. Quando as pessoas, hoje, comentam ou mostram interesse por esses aspectos de sua personalidade ou de sua vida você sente claustrofobia emocional?

Como se sentiu ao realizar este exercício? Escreva duas ou três frases sobre qualquer sentimento forte experimentado enquanto pensava e escrevia sobre a pessoa intrusiva. Até que ponto acredita existir uma conexão entre seu medo atual de engolfamento e a intromissão de que foi alvo no passado?

Ciúme e possessividade

O parente ciumento e possessivo quase sempre age de forma intrusiva. Ciúme e possessividade estão também associados a abuso, pois indivíduos agressivos são tipicamente inseguros e gostam de manter controle firme sobre suas vítimas. Eles muitas vezes interpretam qualquer interesse ou relacionamento da vítima como sinal de traição ou abandono. Mesmo o relacionamento perfeitamente necessário e inocente com outro membro da família ou com um amigo de escola pode provocar um ataque de ciúme ou um ato de retaliação.

Auto-avaliação: ciúme e possessividade

Intitule uma folha de seu diário "Ser o alvo de ciúme e possessividade" e responda às perguntas seguintes da melhor maneira possível:

Olhando para trás, houve alguém importante em sua vida (especialmente pai, mãe ou adulto influente) que foi continuada ou extremamente ciumento em relação a você ou possessivo com seu tempo e atenção? Consegue identificar pelo menos três ou quatro maneiras pelas quais essa pessoa demonstrava seu ciúme?

Por exemplo, essa pessoa *dizia* que tinha ciúme? Em caso afirmativo, o que ela dizia especificamente? O ciúme pode ser revelado em afirmações do tipo: "Gostaria de ser tão bonito (inteligente, forte, alto, talentoso para a música, artístico, atlético) quanto você" ou "Seu/sua (pai, mãe, irmã, irmão etc.) gosta mais de você que de mim porque você é muito mais (jovem, bonito etc.)". A possessividade pode estar presente em afirmações como: "Não esqueça, sou sua mãe (pai, irmão etc.), o que me torna mais importante que qualquer um de seus amigos" ou "Você me deve seu tempo e dedicação porque se não o tivesse adotado/aceitado, você estaria até hoje naquele orfanato ou com aquelas criaturas horríveis que eram seus pais".

Se tais afirmações eram feitas somente em um ou outro momento, ou de maneira ligeira e brincalhona, podiam não ser sinal de ciúme profundo. Entretanto, se eram acompanhadas de raiva ou sofrimento emocional intenso (como lágrimas e ameaças de suicídio) e de atos invejosos (como machucar seu corpo, roubar alguma coisa sua, espalhar mentiras a seu respeito, agredir seus bichos de estimação, objetos, amigos e trabalho escolar), podem ser consideradas fonte do seu medo de engolfamento, assim como de outros tipos de sofrimento emocional.

Em seu diário, responda às questões: que comentários invejosos e possessivos eram feitos a seu respeito? Que *atos* de ciúme eram cometidos contra você? Por exemplo, algum parente tinha ciúme de suas conquistas acadêmicas ou criativas? Rasgava sua tarefa escolar ou trabalho artístico, queimava seus boletins ou certificados? Há o caso de um pai ciumento do talento do filho para escrever que destruiu o computador da criança. Em outro exemplo, uma irmã mais velha (responsável pela irmã mais nova na falta dos pais) que sentia inveja da capacidade da irmã mais nova como nadadora recusou-se a comprar um maiô para a irmã e proibiu que outros o fizessem.

Se a pessoa em questão tinha ciúme de sua aparência, ela proibia que você comprasse roupas atraentes ou criticava sua aparência? Se o ciúme envolvia seu relacionamento com outra pessoa, ela o criticava e fazia você se sentir culpado e envergonhado desse relacionamento? Há o caso do homem que proibia a esposa de levar a filha adolescente, enteada dele, a eventos sociais no fim de semana porque insistia que ela precisava aprender a ser "independente", mas seu verdadeiro motivo era o ciúme. Ele se ressentia da ligação íntima que a esposa tinha com a filha, e toda vez que as duas estavam conversando chamava a esposa de "retardada dependente" e a enteada de "fracote infantilizada".

Com que freqüência o ciumento agia de maneira possessiva ou fazia exigências possessivas? Semanalmente, diariamente, uma vez ou outra ou somente durante certo período?

Ele era possessivo em relação a maior parte das áreas de sua vida ou apenas sobre algumas? Que aspectos específicos seus suscitavam o ciúme? Aparência, posição na família (ser o mais velho ou o mais novo, o menino ou a menina), talentos e conquistas, a maneira de ser tratado por uma terceira pessoa (ser o favorito da mãe ou do avô)?

O ciúme tinha base reais ou irreais, incluindo coisas imaginárias? Por exemplo, seu pai expressava ciúme por você ser mais musculoso quando, de fato, ele era fisicamente mais forte que você? Sua irmã manifestava inveja de seu talento musical quando, na verdade, você mal conseguia tocar uma nota? Sua mãe expressava inveja porque seu pai o amava mais que a ela, quando não havia prova alguma que sustentasse essa sensação? Outros parentes ou amigos alguma vez observaram que o ciúme de determinado membro da família em relação a você era infundado ou exagerado?

Como você se sentiu ao responder a essas questões? Experimentou algum ressentimento, confusão ou medo, especificamente medo de engolfamento? Os sentimentos que experimentou ao responder às perguntas foram semelhantes aos que tinha quando era alvo do ciúme de alguém?

Esperavam que você fizesse o impossível?

Já fizeram com que você sentisse que seu valor dependia principalmente, ou apenas, de suas realizações ou desempenho? Só era considerado aceitável ou merecedor de amor se alcançasse padrões muito exigentes, impossíveis de alcançar por uma criança? Sua família esperava, por exemplo, que você dominasse equações algébricas quando a maioria das crianças de sua idade ainda lutava com adição e subtração? Esperava-se que você aprendesse uma segunda língua de forma rápida, fluente e perfeita? Era obrigatório ser excelente nos esportes ou em alguma outra área que não aquela na qual tinha talento ou interesse?

Os padrões estabelecidos para você eram altos demais não apenas para uma criança, mas para a maioria dos seres humanos? Esperava-se, por exemplo, que nunca ficasse doente nem cansado, nunca reclamasse de nada, nunca contasse uma mentirinha?

Em situações assim, você pode ter sentido que, se não atendesse às expectativas daqueles que o criavam, seria expulso de seus corações e abandonado. Para uma criança, o abandono pode significar a morte tanto emocional quanto física.

É natural que as crianças sintam-se culpadas e ansiosas quando deixam de satisfazer as expectativas dos responsáveis por sua criação, mas quando esses sentimentos se misturam ao medo de ser abandonadas o nível de culpa e ansiedade pode crescer a ponto de dominar a psique. Sentimentos assim podem levar facilmente à sensação de asfixia.

As exigências dos adultos podem também se tornar sufocantes quando as expectativas de um dos pais contradizem as do outro, como freqüentemente acontece quando eles se separam ou divorciam. Mas mesmo os que vivem junto podem colocar a criança nesse tipo de fogo cruzado. Seja qual for o conjunto de exigências que a criança escolha satisfazer, ela corre o risco de se afastar de um dos pais e incorrer na ira deste.

Auto-avaliação: expectativas excessivas ou conflitantes

O objetivo deste exercício escrito é ajudá-lo a trazer à luz os tipos de mensagem que recebeu durante os anos de sua formação. Você pode tê-las recebido de seus pais ou de outras pessoas significativas diretamente envolvidas em sua criação.

As pessoas muitas vezes não sabem por que experimentam sentimentos sufocantes de culpa a respeito de determinado assunto, porque não tiveram a oportunidade de examinar as mensagens precoces que receberam sobre como "boas" pessoas "devem" ser ou agir. Se as conseqüências de não atender a tais expectativas incluíam vergonha ou rejeição extremas, a ponto de fazer você pensar que deixaria de ser importante para os que o educavam se não as satisfizesse, a possibilidade de não atingir esses padrões ameaçava sua sensação de ser uma pessoa de valor e de pertencer à família.

O problema de viver de acordo com os padrões dos pais torna-se mais grave se eles discordam fortemente sobre aquilo que é esperado do filho. As exigências de seus pais podem não ter sido excessivas, mas se eram contraditórias seu nível de ansiedade talvez tenha se elevado a ponto de afetar sua capacidade de pensar, aprender, estabelecer laços com outras pessoas e gozar a vida.

Este exercício vai ajudá-lo a traduzir em palavras os valores e as ações que esperavam que você incorporasse na infância. Mais tarde, quando descrever as situações que o fazem experimentar o medo do engolfamento, você voltará a consultar as respostas a este exercício para verificar se seu medo de ser humilhado ou psicologicamente deserdado se relaciona com as expectativas de seus pais.

No alto de uma página de seu diário escreva o título "Primeiras mensagens sobre o que eu devia ser". Pense em tudo aquilo que você aprendeu que "devia" ser durante os primeiros doze anos de sua vida. Divida a página em três colunas. Relacione na primeira o maior número de "devia ser" que puder lembrar. Inclua o que ouviu de seus pais, vizinhos, amigos, parentes, professores, orientadores religiosos e da mídia.

Na segunda coluna escreva a origem daquele "devia ser" – onde o aprendeu ou quem o ensinou a você. Na terceira descreva o que aconteceu por não respeitar aquele preceito em particular, por exemplo, se foi castigado, rejeitado, apanhou ou foi exposto à vergonha. Você foi ameaçado com abandono ou outra punição?

Leia sua lista de "devia ser" e perceba se um item contradiz o outro. Caso seus pais tenham se separado ou divorciado, a lista pode conter muitas contradições, já que eles se separaram em parte devido à incompatibilidade de convicções. Suponha, por exemplo, que sua mãe dissesse não haver problema em contar uma mentirinha, mas seu pai afirmasse que qualquer tipo de mentira era um pecado grave. Ou talvez uma das pessoas que o educavam tenha transmitido mensagem dúbia. Imagine, por exemplo, que a mesma avó que disse que sexo na adolescência era uma vergonha também tenha enfatizado que ser sexualmente inativo era sinal de anormalidade e de não ser um homem ou mulher "de verdade".

Em nova folha, intitulada "Contradições sobre o que eu devia ser", trace outras três colunas. Na primeira, relacione as discrepâncias que encontrou entre todas as coisas que lhe foram ensinadas sobre como comportar-se, pensar ou sentir. Na segunda, descreva como lidou com os valores contraditórios que ouviu enquanto crescia. Na terceira descreva o que lhe aconteceu em conseqüência da forma como lidou com isso.

Por exemplo, se sua mãe o ensinou a enfrentar valentões e seu pai a dar a outra face, talvez você tenha mentido para seu pai quando brigava e para sua mãe quando fugia das brigas. Outra possibilidade é não ter contado a nenhum dos dois como reagia aos valentões e tentado carregar sozinho o fardo de ser ameaçado na escola. Você precisou mentir, roubar, fingir, fugir, magoar-se ou ferir animais ou pessoas devido a mensagens contraditórias? Você sentiu um medo enorme de ser abandonado, rejeitado ou ser totalmente sufocado pela necessidade de encontrar um jeito de viver de acordo com dois conjuntos diferentes de valores? Se isso aconteceu, descreva tudo detalhadamente em seu diário.

É importante identificar suas reações precoces às pressões para verificar se hoje reage à claustrofobia emocional como reagia no passado.

Quando a intimidade é próxima demais

A todos os lugares aonde meu pai ia, eu ia junto. As pessoas costumavam dizer que eu era a sombra dele, porque éramos inseparáveis. Mesmo quando já tinha meus 20 anos, era tão ligado a ele que não tinha personalidade própria. Um invisível cordão umbilical nos unia.

Mas era mais do que amor profundo entre pai e filho. Nossas personalidades se confundiam. Eu era ele, ele era eu. Certa vez, quando eu tinha 20 anos, olhei para o rosto dele e pensei que estava me vendo. Fiquei tão assustado que não consegui me mexer com medo de que ficar perto dele me sufocasse, mesmo sabendo que ele jamais me prejudicaria de propósito.

Eu queria fugir, mas estava imobilizado. Sentia que não poderia abandonar meu pai, ou ele morreria. Por mais que me ressentisse do fato de ele monopolizar minha vida, não conseguia imaginá-la sem ele. Mas eu precisava me separar, ou jamais cresceria.

Foram necessários dez anos de terapia para que me separasse emocionalmente de meu pai, e ainda estou trabalhando nisso. A culpa e o medo que sentia por me separar dele e me tornar eu mesmo eram enormes. Nós dois éramos emocionalmente muito dependentes um do outro. Ele gostava — tirava muito prazer disso. Mas aquilo estava me estrangulando.

Bob e seu pai eram próximos demais. Isso não significa que amava demais o pai ou o pai a ele, pois é impossível amar "demais" alguém. Ser próximos demais quer dizer que as personalidades de ambos quase se misturavam e que o crescimento individual de Bob estava sendo sufocado pelo relacionamento com o pai. Esse tipo de relacionamento em que a personalidade e os interesses de uma pessoa são quase idênticos aos da outra, e no qual uma delas (geralmente a mais nova e menos poderosa) se sente sufocada pelo relacionamento, é chamado de simbiótico.

Em casos assim as personalidades são tão semelhantes que é quase impossível distinguir uma pessoa da outra. Mais que isso (e é esse o aspecto crítico dos relacionamentos simbióticos), o desenvolvimento de uma é substituído pelas necessidades da outra. Relacionamentos simbióticos entre adultos são sufocantes, mas entre um adulto e uma criança são mais ainda, especialmente para a criança (Kerr e Bowen, 1988).

Com origem na ligação normal, natural e muito necessária entre o bebê e a pessoa que cuida dele, esse tipo de simbiose é instintivo e acontece não apenas entre humanos, mas também entre vários outros mamíferos. Nos primeiros anos de vida, as crianças são tão dependentes da mãe e tão pouco desenvolvidas mental e emocionalmente que chegam mesmo a sentir que são parte do corpo da mãe, podendo ter dificuldade para distinguir seu corpo do dela. De acordo com diversas teorias de desenvolvimento infantil, só ao se aproximar da "terrível" idade de 2 anos é que a criança começa a adquirir a noção de ter uma identidade separada da da mãe ou da pessoa que cuida dela.

Quando a criança é muito nova, é natural e necessário que tenha um relacionamento simbiótico com um dos pais ou a pessoa que a cria (Kerr e Bowen, 1988). No entanto, na seqüência normal dos acontecimentos, a criança gradualmente cresce, separa-se da mãe ou responsável e começa a tornar-se um adulto autônomo e independente. Em alguns casos, esse processo de crescimento é impedido, e o relacionamento simbiótico prolonga-se na vida adulta. Ele pode persistir porque a criança é deficiente, porque precisa de cuidados especiais ou porque o pai (ou mãe) e a criança se vêem em alguma terrível circunstância onde têm apenas um ao outro.

Talvez a forma de simbiose mais danosa ocorra quando os pais se voltam para um dos filhos para suprir uma necessidade emocional de companheirismo, afirmação e apoio emocional. Alguns pais também usam os filhos para propósitos sexuais. Quando acontece um divórcio ou morte na família, às vezes um dos filhos assume as funções do pai ou mãe ausente. Se aquele que costumava cozinhar morre ou vai embora, um dos filhos, por exemplo, pode assumir o papel de cozinheiro. Se quem costumava lavar o carro fica incapacitado, um dos filhos pode assumir a tarefa.

Não é incomum, anormal nem doentio que os membros da família ajudem uns aos outros ou se sintam ligados e contem uns com os outros para maior apoio, companhia ou ajuda depois de morte ou perda na família. Contudo, não é saudável que pais separados, divorciados ou viúvos procurem nos filhos a intimidade emocional e o apoio que costumavam ou esperavam receber do companheiro. Quando os pais procuram nos filhos a ligação emocional que deveria vir de um parceiro adulto, a criança pode se sentir sufocada por aquelas necessidades, desenvolvendo claustrofobia emocional como conseqüência.

Essa explicação sobre simbiose não tem a intenção de sugerir que laços fortes entre pais e filhos, ou qualquer outro tipo de laço forte, sejam indesejáveis ou psicologicamente pouco saudáveis. Muito pelo contrário, laços fortes com pais ou amigos não são apenas psicologicamente necessários, mas também fonte importante de força emocional e crescimento pessoal. Em todos os relacionamentos íntimos existe a tensão entre a necessidade que o indivíduo tem de espaço e crescimento pessoal e as exigências do relacionamento. Além disso, é saudável assumir compromissos e fazer concessões para o bem da relação, desde que isso não o prejudique.

Nos relacionamentos simbióticos, porém, o desenvolvimento pessoal praticamente cessa devido às exigências da relação. As duas pessoas se fundem tanto que é difícil distinguir uma da outra, e a criança freqüentemente se sente asfixiada. Ela deseja crescer além do confinamento da relação, mas é impedida pelo sentimento de obrigação e amor por quem a cuida ou pela sensação de que nenhum dos dois é capaz de sobreviver emocionalmente sem o outro.

Em um estado de fusão (ou próximo da fusão), cada um é prisioneiro emocional do comportamento e das emoções do outro. Em um relacionamento simbiótico entre adulto e criança, entretanto, a criança, por causa de sua imaturidade e dependência, é muito mais prisioneira que o adulto (Kerr e Bowen, 1988). Crianças que têm um relacionamento simbiótico com quem as educa sentem que não podem se separar nem ser diferentes daquele adulto sem que este se revolte ou se desagregue, ou as castigue por lhe negarem amor e apoio. Em outras palavras, as crianças sentem que precisam escolher entre o próprio desenvolvimento e a ligação com o responsável por cuidar delas e protegê-las.

A simbiose entre pais e filhos é dramaticamente retratada no mito grego de Cronos, rei dos deuses. Cronos engole os filhos assim que eles nascem. Os filhos permanecem dentro dele até que, mais tarde, é forçado a regurgitá-los. Então, eles ressurgem sãos e inteiros.

Imagine o ventre de Cronos, inchado com os corpos dos filhos que engoliu. Essa é a verdadeira imagem da simbiose entre pais e filhos. Durante o período passado no ventre do pai, os filhos de Cronos cresciam fisicamente e em outros aspectos, mas não podiam crescer além daquele limite. O mito retrata psicologicamente um pai devorador e o relacionamento simbiótico entre pai e filho. O pai não mata nem fere a criança, ela continua a crescer enquanto é consumida pelo pai. As fronteiras de seu mundo, no entanto, e os horizontes da visão que tem de si mesma e da vida ficam seriamente limitados. Em essência, o pai sufoca o desenvolvimento da criança, e ela se ressente disso.

Você talvez tenha sido sufocado psicologicamente por um cuidador — pai, mãe, responsável, professor, líder espiritual ou outra figura de autoridade — e se tornou parte daquela pessoa. Mesmo que fosse um indivíduo fisicamente independente, outros aspectos de sua vida – inclusive, talvez, emoções, pensamentos, sexualidade etc. – podem ter se desenvolvido à sombra daquela figura paterna.

Se teve um relacionamento simbiótico na infância, você talvez tenha medo de que agora outras pessoas o dominem ou o sufoquem como esse adulto fez quando você era criança. Em conseqüência disso, pode se esquivar de todos os relacionamentos, especialmente os mais íntimos, ou evitar relacionar-se com pessoas parecidas com o adulto que perturbou sua vida.

SUA FAMÍLIA CONTRIBUIU?

Talvez se tenha tornado um "nômade dos relacionamentos": tem relacionamentos íntimos, mas quando eles começam a se tornar muito fechados ou intensos você parte para outro. Se a fuga física é uma das formas de lidar com o medo do engolfamento, outra é o distanciamento interior ou começar discussões e conflitos.

Amber, por exemplo, tinha um relacionamento simbiótico com a mãe, que falava muito e envolvia a filha em longas conversas quase todo dia. Quando estava no primeiro grau, era proibida de participar de atividades depois da aula porque a mãe a queria em casa, ostensivamente, para ajudar nos trabalhos domésticos, mas na verdade era para entretê-la e lhe fazer companhia. Na faculdade, Amber tinha de voltar diretamente da escola para casa e mostrar as anotações da aula para a mãe, que então insistia em longas discussões a respeito do material. Nas raras vezes em que Amber visitava amigos, sua mãe queria saber todos os detalhes do tempo passado com eles.

Como a mãe lhe exigia muito tempo e energia psíquica, Amber tinha pouca energia (ou mesmo tempo) para relacionamentos com os colegas, para estudar e para outros interesses. A mãe literalmente engolia sua vida.

Para escapar, Amber casou-se com o primeiro homem que lhe propôs casamento. Ele também era invasivo, exigente e extremamente possessivo com relação ao tempo dela. Mas, por causa da experiência com a mãe, ela achava que o comportamento do marido era normal. Tolerou-o até atingir crescimento pessoal suficiente para perceber que estava sendo sufocada novamente. Quando o marido se recusou a dar-lhe liberdade para respirar, Amber o deixou.

Hoje está livre de pessoas intrometidas e exigentes que desejam consumir cada minuto de seu tempo e cada grama de sua energia. Mas está também muito só. Se alguém começa a conversar com ela sobre um assunto que costumava discutir com a mãe, Amber imediatamente se torna hostil e se fecha. Ela percebeu que, após dez minutos de uma conversa dessas, começa a sentir raiva e ressentimento contra o interlocutor e uma sensação agoniante de estar encurralada, a mesma que sentia primeiro com a mãe e depois com o marido.

Num esforço para preservar a individualidade, é comum que ela interrompa abruptamente a conversa com a pessoa. Algumas vezes, tenta suavizar a situação prometendo entrar em contato mais tarde. Geralmente cumpre a promessa, mas pelo sentimento de obrigação, não pelo desejo real de se comunicar. Era assim que se sentia enquanto crescia: forçada a comunicar-se com a mãe por sentimentos de obrigação, não por vontade própria. Na verdade, Amber gostaria de falar sobre muitas coisas, mas devido à associação entre diversos tipos de conversa e sua história de simbiose com a mãe, evita essas conversas a qualquer custo.

O medo de engolfamento ao conversar tornou-se um grande empecilho quando Amber começou a namorar. Ela estava interessada em casamento, mas a maioria dos homens dispostos a casar que encontrava desejava ter longos papos – da mesma forma que a mãe. Era tão difícil superar seu passado de relacionamento simbiótico que durante certo tempo Amber abandonou o desejo de se casar e tornou-se uma "nômade dos relacionamentos", passando de um homem para outro. Enquanto não começou a tratar do impacto do relacionamento simbiótico com a mãe, ela não foi capaz de suportar o processo de conversar e criar intimidade emocional com as pessoas.

 Auto-avaliação: relacionamentos simbióticos

Embora os relacionamentos simbióticos sejam em geral entre pais ou outros responsáveis e seus filhos, podem também ocorrer entre irmãos ou entre crianças e membros da família ampliada, como avós, tios, primos e mesmo padrinhos. O que distingue os relacionamentos simbióticos de outros tipos de relação íntima não é o tempo passado junto ou o grau de carinho, mas sentir-se ou não dependente daquele relacionamento e ao mesmo tempo sufocado por ele.

Dê a uma nova página de seu diário o título "Relacionamentos simbióticos" e responda às perguntas a seguir da forma mais honesta e completa que puder. Fique atento a seu estado emocional e escreva uma ou duas frases sobre suas reações. Tenha também em mente o que é considerado normal em seu grupo étnico e religioso. Em algumas culturas, por exemplo, espera-se que o primeiro filho ou a primeira filha passe mais tempo com os pais e assuma maior responsabilidade por eles na velhice. Essas expectativas culturais certamente afetam as opções dos primogênitos, mas isso não significa necessariamente que seu relacionamento com os pais seja simbiótico.

Você já teve algum relacionamento com uma pessoa mais velha ou poderosa que se encaixa nos seguintes critérios:

- A personalidade e os interesses de vocês eram muito semelhantes.
- Ambos sentiam precisar muito um do outro.
- Eram o melhor amigo um do outro, apesar da diferença de idade e poder.
- Você se sentia sufocado e oprimido porque toda a energia que dedicava à relação com aquela pessoa o desviava de seu crescimento e desenvolvimento?

O último critério, a sensação de sufoco e opressão, é o mais crítico, pois se o relacionamento permite que se sinta livre para ser você mesmo e crescer não é psicologicamente prejudicial que os dois sejam parecidos, emocionalmente ligados ou precisem muito um do outro. O dano está naquilo que Hannah Lerner (1985) chama de "despersonalização", ou seja, para manter o relacionamento é preciso renunciar a uma quantidade excessiva de convicções e necessidades e se adaptar continuamente às necessidades e aos desejos da outra pessoa, à custa do próprio desenvolvimento.

1. Como você reagiu ao separar-se dessa pessoa? Sentiu sua falta e experimentou certo desassossego e confusão? Sentiu também alívio por deixar o fardo do relacionamento e alegria por ter liberdade para tomar seu próprio caminho? A pessoa mais velha ou o adulto, porém, fez mais do que sentir sua falta? Caiu em depressão profunda ou se tornou problemática? Disse-lhe mais tarde ser impossível agüentar ou ser feliz sem você? Que ninguém poderia substituí-lo? Você se sentiu culpado, como se fosse responsável pela dor do outro, mas também com raiva por ele ter tanto domínio sobre você a ponto de fazê-lo sentir-se sua propriedade?

Ele fez com que você se sentisse responsável pela felicidade, saúde e realização dele e sem saber o que fazer para atingir esses objetivos?

Se você respondeu "sim" a muitas ou à maioria dessas perguntas, há grande possibilidade de que tenha se envolvido em um relacionamento simbiótico com alguém da família. Se respondeu "não" à maioria das questões, pode pular o restante desta seção e seguir para a próxima.

Caso sinta ter se envolvido em um relacionamento simbiótico, responda às perguntas seguintes em seu diário. Tente escrever pelo menos duas ou três frases sobre cada uma delas.

2. Quem era a pessoa? Qual era a relação entre vocês? De que maneira vocês se assemelhavam? Que traços de personalidade, interesses ou hábitos dessa pessoa assumiu como seus? Ela, por sua vez, também adotou algumas de suas características, interesses ou hábitos? Se o fez, quais foram? Como você se sentiu na época ao ver que ela o imitava? Como se sente a respeito desse assunto hoje? Como se sentiu na época imitando o comportamento daquela pessoa? Como se sente a respeito disso hoje?

3. Você se sentiu pressionado a investir uma quantidade significativa de energia nesse relacionamento por medo de que ela viesse a sucumbir caso você investisse sua energia vital em algo diferente? Quanto de sua energia foi consumida em amar e ser amado por ela?

4. Houve momentos em que você sentiu tanto a ansiedade, tristeza, alegria ou outros sentimentos dessa pessoa que não percebia as próprias emoções? E ocasiões em que sacrificou a individualidade, o desenvolvimento pessoal e suas necessidades por esse relacionamento? Você sentia não ser capaz de cuidar de si mesmo ou de administrar sua vida sem aquela pessoa?

5. Se o outro demonstrou ter um problema ou começou a repetir atitudes negativas que interferiam na vida diária dele, você teve problema semelhante ou passou a mostrar comportamento negativo similar? Se a pessoa teve, por exemplo, um distúrbio de alimentação como apetite compulsivo ou bulimia, você apresentou distúrbio semelhante ou outro tipo

SUA FAMÍLIA CONTRIBUIU?

de comportamento negativo ou destrutivo? Ou, quando o comportamento destrutivo dela cessou, ou ela pareceu ficar livre do problema, você começou a apresentar exatamente o mesmo distúrbio ou comportamento negativo? Supondo que sua mãe fosse alcoólatra ou dependente de drogas ilegais, quando ela parou de beber ou usar a droga você adotou o vício?

6. Releia o que escreveu e depois responda: durante o período em que viveu esse relacionamento simbiótico, como se sentia? Muito provavelmente coexistiam dois conjuntos de sentimentos — um positivo e outro negativo. Pode ter se sentido seguro, amado e especial e, ao mesmo tempo, encurralado, ressentido ou até mesmo furioso. Escreva duas ou três frases a respeito de cada sentimento que experimentou.

7. Você alguma vez tentou escapar do relacionamento (por exemplo, fugindo de casa, casando-se, alistando-se no Exército ou mudando-se para bem longe)? Por que queria fugir? O que o impedia de terminar o relacionamento ou sair dele? Assegure-se de não escrever apenas a respeito de seu medo de ser sufocado, mas também sobre o medo de se separar da pessoa e não estar mais fundido com ela.

8. Que emoções sente neste instante? O medo de asfixia é um desses sentimentos? Reflita alguns minutos a respeito das várias emoções que sentiu enquanto lia e respondia esta seção sobre ligações excessivamente próximas. Escreva um pouco a respeito desses sentimentos. Eles são semelhantes àqueles que tinha quando estava mais intimamente envolvido em um relacionamento simbiótico?

9. Olhando para trás, responda: era possível mudar aquele relacionamento de maneira que ele lhe permitisse espaço para respirar? Se não, por que não? Como você se sente ao rever o fato de ter ficado preso naquele relacionamento? Vê alguma ligação entre o medo de sufocamento que sente atualmente e aspectos daquela (ou outra) relação simbiótica?

10. Se a pessoa com quem teve um relacionamento simbiótico era responsável por sua criação, seria conveniente analisar o relacionamento dela com os próprios pais. Qual era o nível de distanciamento entre eles? O relacionamento entre vocês é ou era semelhante ao relacionamento

dela com os pais? De que maneira esse responsável era parecido com os pais ou dependente deles? É a mesma maneira pela qual vocês dois são ou foram parecidos ou dependentes? Responda a essas perguntas lembrando-se de que é normal e saudável que as crianças sejam dependentes dos pais e os imitem.

Você ficou preso em um cabo-de-guerra emocional?

Você se sentia no meio de um cabo-de-guerra emocional entre duas pessoas importantes para você? Quando era mais novo, seus pais ou outros adultos da família o usavam como pára-choque em seus conflitos? Você tem sido, na vida adulta, um joguete nos conflitos entre colegas de trabalho ou entre superiores? Quando tentava agradar ou apoiar um deles, corria o risco de ser punido pelo outro?

Caso tenha respondido "sim" a qualquer uma dessas perguntas, então, em linguagem psicológica, você foi "triangulado", isto é, foi usado como joguete emocional ou bode expiatório no relacionamento entre duas outras pessoas.

Quando Mary tinha 7 anos, presenciou a mãe ser espancada pelo namorado. Quando a mãe prestou queixa e Mary foi chamada a testemunhar, ficou dividida, em um cabo-de-guerra emocional. Por um lado, tinha medo de que, se dissesse o que tinha visto, o namorado pudesse se vingar da mãe (e dela) com violência ainda maior. Por outro, se não dissesse a verdade, estaria traindo a mãe. Como resultado dessa experiência e de outras semelhantes, Mary ainda apresenta, na vida adulta, claustrofobia emocional sempre que precisa tomar decisões. Mesmo quando a escolha é relativamente pouco importante e não tem maiores conseqüências, ela se sente sufocada como quando era criança e lhe pediam que escolhesse uma entre diversas opções inaceitáveis.

Em circunstâncias ideais, quando duas pessoas têm um desentendimento, elas conversam de maneira aberta e franca a respeito das diferenças e tentam chegar a um acordo. Essa forma de resolver os conflitos pressupõe, no entanto, que os dois tenham capacidade e disposição de traduzir seus pensamentos e sentimentos em palavras, respeitando a si mesmo e ao outro. Pressupõe também que ambos sejam capazes de ouvir o outro e estejam dispostos a fazer concessões pelo bem da família ou do relacionamento (ou da empresa, ou do projeto). Se a maioria dos adultos fosse capaz de resolver suas diferenças assim, haveria menos ofensas, gritos e violência nas famílias e muito menos injustiça e violência no mundo em geral.

Entretanto, quando as pessoas não sabem transformar a ira em palavras que expressem claramente a raiva mas não ofendam os outros, ou quando companheiros usam o outro como bode expiatório dos próprios problemas não resolvidos ou de pressões da vida, os conflitos podem se tornar verbal ou fisicamente violentos. Ou então formar-se um impasse em que simplesmente não se fala a respeito do item de discórdia, mas ele é expresso indiretamente através de sintomas psicológicos como depressão, vícios ou doenças.

Alguns adultos põem os filhos no meio. Nesse processo de triangulação, os pais envolvem a criança na batalha travada. Os dois adultos em conflito formam um triângulo emocional com a criança e, em vez de discutir e se concentrar no problema, dirigem a discussão a um dos filhos, ou mais de um. Podem discutir a respeito do comportamento ou das roupas da criança, mas esses motivos são cortinas de fumaça que escondem o verdadeiro problema entre eles.

Suponha que os pais discutam longa e duramente a respeito de assuntos da educação do filho, como o valor da mesada. Se essas discussões forem duradouras e sérias — não pelo mérito da questão em si nem por preocupação com a criança, mas porque o desentendimento se alimenta da raiva, do desapontamento e de outros tipos de energia emocional relativos a tensões do casamento —, os pais estarão triangulando o filho. Eles podem realmente discordar a respeito de algum assunto relacionado à educação do filho, mas a intensidade do desentendimento e o grau de importância atribuído ao assunto têm mais ligação com os conflitos não resolvidos entre eles que com filosofias educacionais distintas.

Discussões assim são comuns entre casais divorciados ou em processo de separação, que freqüentemente usam os filhos como joguetes e veículos de expressão da fúria de um contra o outro. Tatiana, de 5 anos, costumava chamar a si mesma de bola de pingue-pongue porque sentia estar sendo jogada entre os pais em suas contínuas disputas sobre custódia. Seu pai dizia uma coisa, a mãe outra, e ambos esperavam dela completa lealdade. Tatiana temia que, se não fosse fiel a um dos pais, este a abandonaria. O problema era que ela não podia nem mesmo fingir ser fiel aos dois ao mesmo tempo, porque eles discordavam a respeito de praticamente tudo.

Tais cabos-de-guerra podem surgir também entre casais estáveis e seus filhos. Num caso ou noutro, o que quer que façam, as crianças trianguladas incorrem na ira de uma das duas pessoas que amam e de quem mais dependem.

Outro tipo de triangulação acontece quando um dos pais encoraja a criança a desrespeitar as regras estabelecidas pelo outro ou recorre ao filho para tentar satisfazer a necessidade de companheirismo e apoio emocional que não encontra no parceiro. A criança pequena que é assim tragada pelo conflito entre os pais pode começar a sentir-se culpada por desobedecer às regras de um deles ou por ter um entendimento ou relacionamento secreto com um dos pais, e não com o outro. Quando os pais discutem, ela pode pensar que é culpada pelo desentendimento.

Um homem que está distanciado da esposa, mas não pode ou não sabe como se confrontar construtivamente com ela a respeito de seu desapontamento conjugal, pode levar a filha ao jantar da empresa em lugar da esposa. Nesse caso, a filha é triangulada. Na mesma família, a mãe talvez não se sinta à vontade para conversar com o marido sobre seu descontentamento no casamento e escolhe uma das crianças como confidente. Recorre a um dos irmãos ou exatamente à filha procurada pelo pai, que é duplamente triangulada, absorvendo a ansiedade e o estresse do casamento dos pais e as ansiedades e dores pessoais de ambos.

Enquanto se envolve no conflito entre os pais, a criança triangulada não desenvolve uma habilidade, não brinca nem tem contato com os amigos. Sua vida é engolida — e limitada — pelo drama do casal, exatamente como os filhos de Cronos eram limitados pelo tamanho de sua barriga.

SUA FAMÍLIA CONTRIBUIU?

Quando os pais chegam à agressão física, a claustrofobia emocional pode ser enorme. Mas, mesmo que não se tornem fisicamente violentos um contra o outro, a criança pode perceber a raiva oculta entre o casal e sentir-se oprimida por aquele conflito. Quando cresce, pode sentir o medo do engolfamento em relacionamentos emocionalmente intensos, principalmente se envolverem raiva oculta.

Talvez você tenha escapado de ser triangulado nos conflitos de dois adultos importantes durante a infância, mas se encontre hoje triangulado numa disputa entre dois companheiros de trabalho. Gerentes em guerra, empregados competitivos ou outros colegas e supervisores que estejam em conflito mas, por uma série de razões, não se enfrentam diretamente podem vir a triangular outra pessoa ou dirigir a ela o foco das atenções.

Suponha, por exemplo, que o presidente de uma empresa considere ruim o trabalho de um dos vice-presidentes, mas por motivos políticos ou de outra natureza não se sente à vontade para demiti-lo. Ele gostaria de atacá-lo diretamente, mas não ousa, por temer sérias repercussões políticas. Em vez disso, começa a reclamar da secretária do vice-presidente: o trabalho dela é incompleto e cheio de falhas, falta demais por causa de suas responsabilidades familiares, não se veste apropriadamente etc. O vice-presidente defende a secretária, mas em algumas ocasiões concorda com o presidente, para não incorrer ele mesmo em sua ira em relação à incompetência do subordinado.

A controvérsia a respeito do empregado é um factóide: a verdadeira tensão está entre o presidente e o vice-presidente. Neste exemplo, a secretária foi triangulada em um conflito pouco relacionado à qualidade de seu trabalho e totalmente relacionado com a tensão existente entre seu supervisor direto e o superior hierárquico dele. Caso a secretária se demita por causa da situação, os dois contendores encontrarão outra pessoa ou fato para triangular, até o dia em que tiverem a coragem ou a oportunidade de discutir honestamente suas diferenças. Será muito natural que a secretária desenvolva o medo do engolfamento em seu relacionamento profissional, especialmente em relação aos superiores, depois de uma experiência assim.

Auto-avaliação: triangulação

Dê a uma nova página de seu diário o título "Triangulação" e responda da melhor forma que puder às seguintes perguntas:

Em sua infância, você se lembra de ter sido envolvido em um cabo-de-guerra emocional entre adultos de sua família de alguma dessas maneiras?

1. Um de seus pais ou responsáveis o incentivava a desobedecer às regras estipuladas pelo outro ou por alguma pessoa da família? Um de seus pais o encorajava, por exemplo, a sair escondido para se encontrar com os amigos, sabendo que o parceiro o havia colocado de castigo por uma semana?

2. Você tinha de ouvir um de seus pais falar mal do outro? James, por exemplo, durante a maior parte do ensino fundamental e médio, teve de ouvir, quando chegava da escola, a mãe reclamar do pai e descrever a violência verbal e a incompetência financeira dele. Por outro lado, quando o pai o levava ao treino de futebol, James tinha de ouvir todos os defeitos que ele via na esposa. Filhos de pais separados freqüentemente estão sujeitos a ouvir histórias sobre os maus-tratos e o abandono daquele que está ausente. Crianças cujos pais estão em processo de divórcio ou separação são expostas com freqüência a comentários sobre os defeitos e as traições de uma das partes.

3. Um de seus responsáveis contava com você para lhe dar a companhia e a atenção que, de acordo com os padrões de seu grupo étnico e cultural, deveriam ser oferecidos por um companheiro adulto?

4. Um de seus pais lhe contava "segredos" e queria que os escondesse do outro? O pai de Randy, por exemplo, quebrava a promessa feita à esposa de controlar os gastos com softwares novos. Todas as vezes que comprava um programa ele pedia a Randy que não contasse à mãe e lhe desse cobertura.

5. Um de seus pais (ou ambos) tratava você com uma tolerância especial que não demonstrava com seus irmãos e irmãs?

6. Todos os problemas da família, ou a maioria deles, eram atribuídos a um comportamento ou defeito seu? A culpa pela infelicidade da

família, por exemplo, era atribuída a seu distúrbio alimentar ou a seu vício?

7. Você sentia estar em um círculo interior com um de seus pais ou responsáveis e que o resto da família ficava em um "círculo exterior"? Quem ficava no "círculo interior"? E no "exterior"? Como você se sentia a esse respeito?

8. Um de seus pais procurava em você solução para dificuldades pessoais ou conjugais? Os pais de Marsha, por exemplo, a chamavam regularmente no meio da noite e pediam que julgasse quem, na briga que estavam tendo, era o certo e quem o errado. Embora Marsha tivesse apenas 12 anos, a mãe não hesitava em sacudi-la no meio do sono e dizer: "Acorde e diga a seu pai para tomar juízo".

9. Havia discussões regulares e previsíveis entre seus pais sobre assuntos relacionados a você (sua alimentação, suas despesas, seu jeito de se vestir, suas notas, sua aparência ou seus talentos)? Elas estavam mais relacionadas com os conflitos do casal que com você?

10. Alguma vez sentiu desconforto por ter de tomar o partido de um de seus pais (ou de outra pessoa importante da família)? Você foi forçado a tomar partido devido a divórcio ou disputa de custódia?

Se respondeu "sim" a qualquer uma das questões anteriores, escreva três ou quatro frases descrevendo como foi envolvido no conflito entre os adultos. Depois escreva outras três ou quatro frases sobre os efeitos que acredita que este fato teve sobre você.

Se puder, escreva mais uma ou duas frases a respeito do que acredita ter sido a causa subjacente da disputa entre eles. Não é, porém, necessário compreender a psique de seus pais para fazer o mais importante: descobrir como o envolvimento na contenda afetou você. Quais foram as conseqüências de ser a terceira ponta, mais fraca, de um triângulo em que os dois jogadores principais estavam em guerra? Você se sentiu engolido por essa guerra?

Para cada item de sua lista, escreva duas ou três frases sobre como se sentia, quando criança, naqueles momentos. Depois mais duas ou três a respeito de cada um dos incidentes, descrevendo como se sente hoje.

Você já se envolveu em outras situações que o fazem lembrar aquelas primeiras experiências de triangulação? Se já sentiu, em situações posteriores, medo de ser sufocado, como ele pode estar relacionado com suas primeiras experiências de envolvimento nos conflitos entre seus pais ou outros adultos?

Se foi (ou está sendo) triangulado depois de adulto, escreva duas ou três dessas experiências e depois três ou quatro linhas a respeito de como foi afetado emocional, física e financeiramente, ou de outra maneira, por estar nessa posição de certa impotência. O conflito, que não lhe diz respeito mas o envolve, é sufocante? Em caso positivo, como é esse sufocamento?

11. Relaxe alguns minutos e reflita a respeito dos sentimentos despertados ao realizar esta avaliação. Você sentiu entorpecimento, raiva, espanto, confusão ou medo? Escreva duas ou três frases a respeito de suas reações.

Donna foi triangulada por seus pais. Refletindo sobre seus sentimentos ao realizar esta auto-avaliação, ela percebeu que tinha sido objetiva e praticamente isenta de emoções. "Não me senti entorpecida, mas totalmente racional e objetiva, como se estivesse pensando num programa de televisão que vira", ela escreveu em seu diário.

Mas ela estava entorpecida, no sentido de que racionalizou as emoções em vez de senti-las. Semanas depois de ter realizado o exercício, começou a ter acessos de pânico aos sábados e domingos, apesar de não haver nenhum perigo. Tinha uma sensação horrível no estômago, que chamou de desespero, e sentia não estar totalmente viva — era uma não-pessoa. Queria desesperadamente comunicar-se com alguém, mas tinha medo de telefonar ou de estar com qualquer um, pois poderiam sufocá-la e fazer com que desaparecesse completamente.

Ela não se isolou totalmente. Encontrava o namorado, mas se via com medo de que ele a sufocasse e começou a fazer observações sarcásticas para afastá-lo. A culpa por estar magoando o namorado, que nada havia feito para magoá-la, fez com que escrevesse em seu diário:

SUA FAMÍLIA CONTRIBUIU?

Estou tão assustada... Puro terror. Não sei o que fazer agora. É exatamente assim que me sentia quando criança, quando meus pais me puxavam cada um para um lado. Meu pai queria que fosse dele, minha mãe queria que fosse dela. Eu tinha muito medo de não atender e eles brigarem e se divorciarem, ia ser tudo culpa minha. Lá estava eu, com 7 anos — e também depois disso —, tentando imaginar o que fazer. Não sabia o que fazer, mas sabia que se esperava que eu fizesse alguma coisa para que eles parassem de brigar.

Eu ia falar com minha mãe e me sentia sufocada quando ela dizia todo tipo de coisa ruim sobre o papai. Chorava por ele ser tão mau e me pedia que a consolasse. Depois, meu pai descrevia todas as falhas de minha mãe como esposa. Os sentimentos de meus pais enchiam minha cabeça — especialmente nos fins de semana, quando nós três estávamos juntos em casa. Nunca tinha percebido, até agora, que quando era criança me sentia muito sozinha e triste nos fins de semana, porque não conseguia ajudar de verdade meus pais. Não havia ninguém para tomar conta de mim, e eu não sabia me cuidar sozinha. Eu me sentia órfã, embora não fosse. Talvez seja por isso que hoje em dia tenho medo dos fins de semana e talvez seja por isso que, apesar de me sentir sozinha, tenho medo de procurar outras pessoas, achando que elas podem me sufocar emocionalmente, como meus pais faziam quando eu era criança.

É importante ter consciência das emoções sentidas ao realizar os exercícios deste livro e dos tipos de reação que podem provocar nos dias subseqüentes. Suas reações podem fornecer pistas e informações importantes sobre partes de seu passado que ainda o influenciam hoje. Você precisa esclarecer o passado para poder enfrentar os fantasmas e viver mais inteiramente o presente.

Privações familiares

Se um de seus pais ou a pessoa que o criava passou por trauma ou estresse grave e se ela ou o companheiro dela procurava em você apoio emocional, seu medo do engolfamento na idade adulta talvez seja suscitado pela sobrecarga da dor emocional, depressão, raiva, solidão ou ansiedade daquele pai ou mãe estressado — ou do companheiro não estressado, cujas necessidades talvez não fossem atendidas pelo parceiro que sofria.

Em lares nos quais um dos pais se torna esgotado ou perturbado em conseqüência da tensão imposta pelo estresse ou pelos sintomas pós-traumáticos do parceiro, é comum que um dos filhos se transforme num pequeno adulto ou cuide emocionalmente da mãe ou do pai. A infância dessas crianças que assumem o papel de responsável pode ser totalmente engolida pelos efeitos do estresse ou do trauma de seus pais. Quando amadurecem, elas podem vir a temer que todos os relacionamentos sejam tão exigentes e frustrantes quanto aquele. Por aprender na infância que amar envolve a dor emocional de presenciar o sofrimento do ser amado e ser relativamente incapaz de ajudar, e como essa dor é esmagadora, elas podem vir a evitar relacionamentos íntimos ou a ter problemas nesse tipo de relação.

Crianças traumatizadas pelo trauma dos pais podem desenvolver claustrofobia emocional. Esse processo, chamado "traumatização secundária", foi verificado não apenas entre filhos de combatentes veteranos com distúrbio de estresse pós-traumático, mas também entre filhos de sobreviventes do holocausto nazista (Matsakis, 1996; Rosenheck, 1985, 1986). Na traumatização secundária, a criança revive, de certa forma, o trauma dos pais ou parentes próximos e fica obcecada por assuntos relacionados com o trauma que atormenta e preocupa o parente. Ela pode chegar a manifestar sintomas semelhantes aos da pessoa que sofreu o estresse, talvez tendo pesadelos ou preocupando-se demais com morte e ferimentos.

Tenho observado diversas crianças e jovens adultos que apresentam traumatização secundária. Alguns demonstram sintomas de distúrbio de estresse pós-traumático, como obsessão pelo poder e violência, dificuldade de concentração, irritabilidade e reações de fúria. Há crianças com traumatização secundária que podem assumir o papel de "salvadoras" do familiar traumatizado. Em outros casos, o papel de salvador pode ser adotado por outra criança da família que assume a missão de fazer feliz o parente traumatizado (Rosenheck, 1985, 1986). Essas crianças freqüentemente passam tempo demais com o parente traumatizado e podem transformá-lo em seu melhor amigo, quando não o único.

SUA FAMÍLIA CONTRIBUIU?

Crianças sufocadas pelo trauma dos pais podem no futuro apresentar o medo do engolfamento em relacionamentos íntimos, quer pessoais, quer profissionais, ou em relação a projetos direcionados a objetivos. Andrea, por exemplo, assumiu o papel de pajem e salvadora de seu pai. Quando o combatente veterano tinha *flasbacks* e surtos de ansiedade, era ela que retirava de seu alcance móveis e objetos. Enquanto a mãe e as irmãs se escondiam no quarto, Andrea trazia o pai de volta à realidade consolando-o com suavidade e lembrando a ele que estava seguro em casa, e não na guerra.

Mas quando chegou aos 16 anos Andrea se rebelou contra o papel de "menina-socorro". Declarando querer ser ela mesma, e não uma enfermeira, desafiou a autoridade paterna e os padrões da sociedade, passando a consumir álcool e drogas. Ela passara uma parte tão grande da vida à sombra da dor do pai e do desespero da mãe que agora queria que alguém finalmente lhe desse atenção e cuidasse de suas necessidades emocionais. Sempre que qualquer amigo ou colega começava a demonstrar alguma necessidade emocional ou a compartilhar seus dissabores, Andrea iniciava uma discussão ou encontrava uma maneira de terminar o relacionamento. Ela fugia das pessoas por medo de ser sufocada pelos sofrimentos delas, assim como fora sufocada pelas dores de seus pais.

Auto-avaliação: traumas na família

Em uma folha de seu diário, sob o título "Efeitos de traumas na família", responda o melhor que puder às perguntas seguintes:

1. Alguma pessoa de sua família sofreu estresse ou trauma grave, como guerra, estupro, agressão criminosa, acidente com veículo ou máquina ou outro tipo de experiência que envolvesse risco de vida?

2. Você se preocupava (ou se preocupa) de alguma forma com o estado emocional ou o trauma dessa pessoa?

3. Procurou ajudar o parente traumatizado? Sente que essa ajuda foi em algum momento o principal e mais importante objetivo de sua vida?

4. Se não tentou ajudar a pessoa em questão, você ajudou outra pessoa

que estivesse sobrecarregada em conseqüência das limitações ou dos problemas emocionais do traumatizado? Sente que esse apoio foi em algum momento o foco dominante de sua vida?

5. Você se sente (ou já se sentiu) sufocado pelas emoções e pelos problemas do parente traumatizado ou pelos esforços que fazia para ajudá-lo e a outros familiares? Se a resposta for afirmativa, que aspecto da situação, em particular, você achava sufocante?

6. Quais foram os aspectos positivos de estar envolvido no drama de sua família? Que forças ou vantagens você adquiriu por lidar com esse aspecto da vida?

7. Quais foram os efeitos negativos de estar tão próximo da dor de um parente? Que aspectos de sua vida foram obscurecidos pela enormidade dos problemas dessa pessoa? Que partes de você nunca se desenvolveram em conseqüência do trauma de seu parente?

8. Você sente que parte do medo de engolfamento que resultava de seu envolvimento com uma pessoa traumatizada ou sobrecarregada da família foi transferida para sua vida atual? Em caso afirmativo, como? Como, especificamente, a experiência de ter sido sobrecarregado pelas lutas de sua família com um trauma ou estresse grave afeta seus relacionamentos pessoais? E suas relações de trabalho? E sua capacidade de estabelecer limites de tempo e energia que vai dedicar a projetos voluntários ou de trabalho? Essa experiência domina sua vida atual ou tem determinado impacto específico? Explique.

9. Que tipos de emoção você sentiu ao responder a estas perguntas? Experimentou ansiedade, raiva, medo de engolfamento ou qualquer outra emoção forte?

CAPÍTULO 2

Pessoas ou acontecimentos extrafamiliares contribuíram para sua claustrofobia emocional?

Você já sofreu algum trauma?

Caso tenha sofrido algum golpe financeiro ou emocional, você foi uma vítima. Pode considerar-se traumatizado se correu algum risco de vida em conseqüência de catástrofes naturais (terremotos, furacões ou tornados) ou produzidas pelo homem (guerra, acidente de trânsito, desastre tecnológico, erro médico ou ataque criminoso). Em qualquer experiência de golpe ou trauma, somos dominados por uma força ou um poder negativo. Mesmo que saiamos fisicamente ilesos, isso não muda o fato de nos vermos, durante tais experiências, cercados pela possibilidade de morrer ou de nos ferir, sem perspectiva de escape.

Ser traumatizado significa ficar preso em uma situação terrível, sem saída nem espaço para respirar, e as possibilidades de fuga envolvem perigo ou traição de algum valor moral. Sofrer um golpe ou trauma pode levar à subseqüente claustrofobia emocional, especialmente quando deparamos com pessoas, lugares ou situações que nos fazem lembrar do passado. E, mais, o medo de ser sufocado é permeado por outro medo — o de ser ferido, morto ou maltratado ou de ver outros sendo feridos, mortos ou agredidos.

Auto-Avaliação: golpe e trauma

Caso tenha sofrido maus-tratos em família, volte ao capítulo 1 e responda às avaliações "Abuso físico e sexual" e "Abuso emocional". Se foi ferido por alguém ou algo fora da família, responda às perguntas seguintes em uma nova página de seu diário denominada "Vítima/Experiências traumáticas". Tente escrever cinco ou seis respostas para cada pergunta.

1. Qual é a sensação de ser dominado por forças mais poderosas que você? A claustrofobia emocional era um desses sentimentos?

2. De que maneira você se sentiu encurralado ou aprisionado?

3. Como se sente no presente momento? Quais foram suas reações ao responder às perguntas relativas ao golpe que sofreu? (Para instruções sobre como monitorar suas reações, consulte a seção sobre "Cuidados", na Introdução).

4. Atualmente, o fato de sentir-se encurralado em determinadas situações desperta alguns dos sentimentos que relacionou na resposta número 1?

5. A claustrofobia emocional que sentiu durante sua experiência de trauma afeta a forma como reage atualmente a determinadas situações? Caso afete, como?

Se você sofre maus-tratos atualmente, consulte a seção referente a abusos físicos e sexuais do capítulo 1 e procure ajuda imediatamente.

Você tem dificuldade de estabelecer limites?

Um limite é uma linha divisória. Em geografia, os limites estabelecem a fronteira entre um país e outro. Na natureza, um limite designa o ponto onde determinada substância começa e outra termina. Onde termina o rio e começa a terra, por exemplo. Os limites são usados para definir diferentes espécies de animais, diferentes grupos etários, diferentes tipos de trabalho e seus níveis. Sem limites haveria o caos. Sem as delimitações que dividem as estradas, por exemplo, os limites de velocidade e outros tipos de código, seria impossível dirigir.

A falta de limites também causa o caos nos relacionamentos. Se você for incapaz de decidir o que vai ou não fazer, ou que pessoas e atividades admitirá em sua vida e em que medida, será impossível administrar sua vida. Algumas exigências feitas por seus pais, amigos, empregadores e outras pessoas são legítimas. Outras, porém, podem ultrapassar o âmbito de seu acordo ou contrato ou ir além das necessidades razoáveis do relacionamento.

Se não for capaz de recusar ou modificar as exigências secundárias e as expectativas dos outros, será facilmente dominado. Sua vida pode ser absorvida pelos outros. Individualidade, objetivos pessoais de vida e limites que tem por necessidades emocionais, físicas e espirituais — tudo pode ser anulado pelas exigências que lhe fazem. Ao curvar-se continuamente ao desejo dos outros estará negando tudo o que realmente é e o que tem para oferecer ao mundo.

Sua claustrofobia emocional resulta da dificuldade de estabelecer limites nos relacionamentos? Isso pode ser um problema se seus pais foram pessoas traumatizadas, se você também foi ou se viveu relacionamentos simbióticos ou sufocantes no passado. No entanto, não é necessário ter uma história de trauma para apresentar dificuldades de estabelecer limites. Isso pode acontecer simplesmente por você ter tido modelos fracos para definir limites ou porque sua auto-estima é tão baixa (pelo menos em algumas situações) que você não se sente com o direito de traçar esses limites.

Em sua vida, como criança, adolescente ou adulto, você se viu em situações em que impor limites (isto é, expor claramente seus objetivos e suas exigências, cuidar de suas necessidades emocionais, físicas ou espirituais ou buscar realizar seus sonhos) significava enfrentar hostilidade e rejeição? Caso isso tenha acontecido, você esteve diante de um terrível dilema: sofrer o desprezo, a condenação ou a rejeição de uma pessoa querida ou trair e violentar a si mesmo. Muitas pessoas que encontraram resistência em suas primeiras tentativas de impor limites quando eram crianças ou adolescentes aprenderam a renunciar ao direito de ter espaço pessoal. Então, na idade adulta, reproduz-se o padrão de não impor limites para si mesmo ou para outros, fazendo com que a vida pareça sufocante por causa das expectativas e exigências das pessoas.

Em circunstâncias ideais, crianças pequenas desenvolvem a capacidade de "(1) ligar-se emocionalmente a outros, conservando uma noção de identidade autônoma; (2) dizer os 'nãos' necessários, sem medo de perder afeto; e (3) receber 'nãos' sem retrair-se emocionalmente" (Black e Enns, 1999; 26). Na experiência de muitas crianças, no entanto, dizer não a exigências secundárias dos pais e outros membros da família desperta hostilidade e rejeição. Como conseqüência, a criança pode aprender a sentir culpa e medo de estabelecer limites pessoais, sentimentos que podem persistir até a adolescência e a vida adulta.

Limites e mulheres

A sociedade tem tradicionalmente dado aos homens maior liberdade que às mulheres para a imposição de limites. Espera-se que as mulheres sejam aquelas que consolam, confortam e apóiam e que estejam sempre disponíveis para atender às necessidades alheias. Elas têm sido, historicamente, responsáveis pelo bem-estar emocional da família, e espera-se que tragam harmonia aos relacionamentos tanto em casa como no trabalho, mesmo que isso signifique dar mais do que querem e do que podem sem prejuízo das próprias necessidades e desejos.

Os movimentos feministas e as mudanças socioculturais das últimas décadas têm tornado cada vez mais real que as mulheres estabeleçam limites em seus relacionamentos. Entretanto, velhas expectativas dificilmente morrem, e elas ainda recebem muitas mensagens de que deveriam sacrificar-se em função das necessidades de outros, especialmente dos maridos e dos filhos.

As mulheres que tentam impor limites precisam lutar não apenas contra as resistências externas, mas também contra as internas. Não são só os outros que podem vir a sentir (ou dizer) que uma mulher é pouco feminina, "vulgar" ou "agressiva" por tentar traçar limites — ela pode igualmente criticar-se por abandonar as expectativas que tinha em relação a si mesma.

Por outro lado, as mulheres podem também ser duras consigo mesmas quanto à falta de limites e por não defendê-los com persistência quando encontram oposição, especialmente dos familiares. "Se eu digo 'não' para um pedido que viole meus limites, minha sogra, que nunca trabalhou fora de casa um dia na vida, me chama de feminista egoísta", explica June. "Fico furiosa porque ela simplesmente não entende a pressão que é ser uma mãe que trabalha. Mas uma parte de mim concorda com ela. Também fui educada para acreditar ser a 'mãe-terra', capaz de ser tudo para todos e cuidar de metade do universo sem piscar. Mas, se volto atrás e concordo com ela ou outra pessoa qualquer, fico furiosa por abandonar meus princípios e me sinto como se tivesse tirado nota F em feminismo."

A mulher pode se sentir anulada quando se vê dividida entre dois princípios, estilos de vida ou compromissos que ela valoriza e acredita ser válidos e ter, cada um, sua importância. Como June, muitas mulheres de hoje valorizam os papéis tradicionais de nutrição, relacionamento e expressão originalmente reservados a elas. Entretanto, podem também desejar ultrapassar os limites desses papéis e assumir características e atividades que têm sido reservadas apenas aos homens. A forma única que uma mulher tem de combinar o velho e o novo é um direito individual seu. Ela pode escolher quais dos velhos valores deseja conservar e quais deseja descartar ou modificar para atender a suas necessidades. Tem também o direito de escolher entre as novas opções abertas a ela e não se sentir pressionada a acatar sem questionamento, como pode ter sido forçada a aceitar todos os velhos papéis sem questionar.

As mulheres, como os homens, têm o direito de estabelecer os limites necessários para garantir sua saúde mental, independentemente do fato de esses limites contarem com a aprovação de pessoas significativas ou se adequarem aos padrões populares. Mais ainda, as escolhas de uma mulher podem variar e evoluir ao longo do tempo, da mesma forma que outras partes de seu ser evoluem ou mudam as exigências feitas a ela.

A criação de um novo papel, individual, que combina os papéis tradicionais e modernos da mulher, requer o estabelecimento de um considerável número de limites. Isso não é fácil e pode levar à claustrofobia emocional quando as escolhas envolvem aspectos igualmente fundamentais e extremamente importantes para ela. A claustrofobia emocional pode ser ainda mais intensa quando a mulher precisa estabelecer limites para aquilo que vai ou não fazer para os outros, já que provavelmente encontrará oposição. A resistência pode vir também dela mesma, uma vez que grande parte da auto-estima da mulher freqüentemente está associada com seu papel relacional como companheira, mãe ou filha.

A mãe que trabalha fora, por exemplo, e luta para estabelecer a divisão entre suas responsabilidades no trabalho e com os filhos pode ser facilmente sufocada pelo fato de muitas expectativas e obrigações desses papéis serem legítimas e necessárias. Talvez não seja capaz de adaptar facilmente sua vida profissional e sua condição de mãe para acomodar os dois papéis de forma confortável, pois as responsabilidades envolvidas são enormes. Acomodar esses papéis com sucesso pode ser sufocante, principalmente no início. Ela pode se sentir asfixiada pela tarefa, bem como psicologicamente encurralada pelo fato de não poder simplesmente ignorar seus sentimentos maternais ou, ao contrário, sua carreira profissional. A devoção aos filhos (ou ao companheiro) pode ser tão forte e vital para sua auto-estima quanto a necessidade de ser produtiva e criativa no trabalho fora de casa.

Em alguns casos, as abordagens mais criativas e imaginosas para a acomodação dos dois papéis podem ser insuficientes para atender às exigências necessárias para ser bem-sucedida. Esse processo de se libertar das expectativas quanto ao desempenho em cada um dos papéis pode não ser apenas sufocante mas extremamente doloroso e provocar o medo de engolfamento quando a mulher sente que está traindo uma parte de si, como seu trabalho, para poder ser leal à outra parte, os filhos, por exemplo. É possível que também se sinta esgotada e encurralada quando percebe que precisa baixar o nível das exigências em relação a si mesma em cada papel para poder satisfazer ambos, especialmente quando suas expectativas são fontes importantes de auto-estima.

O que provoca a sensação de engolfamento é o reconhecimento de que, ao contrário das mensagens da mídia, ninguém consegue "ter tudo". Escolhas difíceis precisam ser feitas, mas a pessoa pode estar sujeita a crises de claustrofobia emocional até que consiga fazê-las. Ela pode sentir-se invadida por sensações de medo, dúvida, ansiedade e desorientação ao tentar decidir como administrar e coordenar suas múltiplas responsabilidades e interesses, bem como expectativas de desempenho associadas a eles, escassez de tempo, conflitos de agenda, capacidade física limitada e outros obstáculos.

Avaliação: violação de limites

Em nova página de seu diário, escreva o título "Violação de limites" e responda às questões abaixo o melhor que puder:

1. Qualquer tipo de abuso emocional, físico ou sexual constitui uma violação de limites. Se você sofre maus-tratos emocionais, físicos ou sexuais, escreva quatro ou cinco frases sobre como as ações ou as palavras de outra pessoa o violentaram.

2. Como outros reagiram quando você recusou um pedido que não atendia a seus interesses ou que não desejava para sua vida? Sua negativa foi aceita ou você foi chamado de egoísta, malvado, cego, irresponsável e arrogante?

3. Dê três exemplos de situações em que suas escolhas intencionais foram recebidas com raiva, ofensas, desconfiança, rejeição ou ameaças de rejeição.

4. Dê três exemplos de respeito a seus limites.

5. Em geral, você tem sido encorajado ou desencorajado quanto a estabelecer limites?

6. Você já experimentou a claustrofobia emocional como resultado direto da dificuldade de impor ou manter limites?

José, por exemplo, aprendeu que seria ignorado nas indicações para promoções e outros benefícios se não atendesse a todos os pedidos feitos por seu supervisor, mesmo quando a tarefa não constava de suas funções ou violava a política da empresa. Por isso dizia "sim" a tudo que lhe era pedido, sem impor nenhum limite entre o que queria fazer e o que não queria. Esperava com isso evitar a ira do supervisor.

Mas começou a sentir desconforto e mal-estar. O ressentimento e o estresse subseqüentes foram prejudiciais à sua saúde, e sua auto-estima também sofreu. Com o tempo, começou a se sentir sufocado todas as vezes em que o supervisor se aproximava, mesmo que fosse para fazer um pedido razoável.

Organizações e sistemas de crença do "tudo ou nada"

Assim como é difícil impor limites ao enfrentar uma personalidade excepcionalmente forte, é também difícil impor limites se você faz ou fez parte de algum tipo de organização religiosa, política ou social que impõe regras do tipo "tudo ou nada". As normas de conduta são rígidas. Pequenas violações podem acarretar formas duras de punição, inclusive a exclusão do grupo.

As exigências também são muitas. Espera-se que sua dedicação seja integral, e não em pequenas doses. Caso já tenha pertencido a um grupo que exigia fidelidade e lealdade irrestrita e que fazia do cumprimento das normas uma questão moral, talvez você seja particularmente vulnerável à sensação de sufocamento.

Se você pertence a um grupo assim atualmente, e se tem problemas nele porque se sente pressionado pelo que se espera de você, talvez sofra de claustrofobia emocional ao se relacionar com outros membros. Essa claustrofobia, baseada na sua vivência com o grupo, pode ser extrapolada para situações que envolvam algum tipo de cobrança ou lealdade de sua parte.

Avaliação: *organizações e sistemas de crença do "tudo ou nada"*

Em nova página do diário, escreva "Crenças do tudo ou nada" e responda o melhor que puder às perguntas abaixo:

1. Você foi, ou é, membro de uma organização ou grupo que exige lealdade total e respeito rigoroso a determinado conjunto de regras e princípios? Exemplos de grupos assim incluem as forças militares, policiais e outras ocupações em que se exige disciplina por colocar em risco de vida seus integrantes e também certos grupos religiosos e sociais.

2. Você já sentiu sua vida esgotar-se e sua personalidade anular-se por ter de atender a essas expectativas? Escreva cinco ou seis frases sobre as expectativas dessa organização e como ela dominava seus interesses, relacionamentos e autoconceito.

3. Tem dificuldade de encontrar soluções moderadas ou parciais para os problemas como conseqüência de tais experiências? Ou tende a fazer considerações de forma extremada, sem meio-termo, como totalmente certas ou totalmente erradas, completamente necessárias ou completamente supérfluas? Escreva três ou quatro frases a respeito de como essa experiência afetou sua capacidade de visualizar situações complexas e obscuras.

4. No momento, você é capaz de comprometer-se parcialmente com uma organização ou com alguém ou se sente obrigado a assumir totalmente o compromisso ou nada feito? Quando se compromete, sofre de claustrofobia emocional?

5. Para evitar essa claustrofobia emocional você foge de qualquer compromisso, mesmo pequeno, com pessoas ou entidades?

Se respondeu "sim" a qualquer uma dessas perguntas, escreva cinco ou seis frases sobre como a experiência afetou sua capacidade atual de envolver-se com pessoas e organizações.

Emoções penosas

Todas as emoções têm um componente físico, especialmente a raiva, a excitação sexual e o medo. Essas três emoções envolvem notável alteração fisiológica ou intensa reação do sistema nervoso autônomo. Quando o sistema nervoso autônomo é perturbado, as pupilas se dilatam, a pele transpira, o ritmo cardíaco se acelera, a digestão é inibida (algumas vezes gera náuseas e outras perturbações estomacais) e as glândulas supra-renais segregam os hormônios de estresse que preparam o corpo para agir.

Essas três emoções são sentidas de maneira muito diferente, mas quando são intensamente estimuladas todas têm algo em comum: as pessoas se sentem como se fossem perder o controle do corpo — um estado potencialmente assustador. Conseqüentemente, você pode vir a sentir claustrofobia emocional quando certos relacionamentos despertam uma dessas emoções, que pode literalmente inundar seu corpo e alterar drasticamente o ritmo cardíaco, a produção hormonal, a freqüência respiratória e a temperatura.

Ser uma pessoa emocionalmente viva é algo arriscado. Por um lado, você tem as alegrias de estar sintonizado com o amor, a ternura, a surpresa e o prazer. Por outro, mesmo aqueles que já estiveram em terapia e programas de auto-ajuda por muitos anos talvez tenham de lutar com emoções que podem gerar conflito, desorientação e estresse. Essas emoções envolvem raiva, excitação sexual e medo.

Crianças pequenas sonham freqüentemente com dragões e monstros que tentam pegá-las e feri-las. Uma das interpretações é que estão sonhando com os monstros e demônios interiores, como a raiva ou as sensações sexuais. O monstro, no caso, pode representar o medo do desconhecido e as inseguranças pessoais em relação ao amadurecimento. Como se espera que sejam cada vez mais capazes de enfrentar a vida sem os pais, a crescente independência pode ser para as crianças fonte de orgulho, mas também de angústia.

Da mesma forma que as crianças têm pesadelos de ser devoradas por monstros que representam seus sentimentos penosos, o medo de engolfamento pode vir de alguma dificuldade de administrar raiva, excitação sexual e ansiedade, sensações extremamente humanas. Se determinado indivíduo ou circunstância faz com que sinta raiva, desejo físico ou ansiedade que sente não poder controlar ou considera inaceitáveis, é possível que sua reação se manifeste na forma de medo de engolfamento. Nessas circunstâncias, o medo de ser sufocado é uma expressão de outros temores, como o medo de determinadas emoções ou da intensidade que possam provocar.

Auto-avaliação: emoções penosas

Separe três páginas de seu diário. Escreva na primeira "Raiva", na segunda "Ansiedade" e na última "Excitação sexual". Considere, para os propósitos deste exercício, as seguintes definições de raiva, ansiedade e excitação:

- A raiva, em geral, é uma reação emocional razoavelmente forte que acompanha diversas situações, como sofrer restrição psicológica ou física, ter um objeto tirado ou arrancado, ser atacado, ameaçado, insultado ou ignorado. A raiva geralmente provoca aceleração do batimento cardíaco, agitação, intranqüilidade e descarga de adrenalina.

- A ansiedade é um estado emocional vago e desagradável caracterizado por apreensão, repulsa, inquietação e desconforto em relação a um fato futuro (e não passado). A ansiedade é uma antecipação da emoção que você vivencia quando espera um acontecimento negativo ou indesejável.

- A excitação refere-se a sensações estimuladas em nível hormonal, glandular ou muscular.

Com essas definições em mente, tente responder, em cada emoção, às seguintes perguntas:

1. O que lhe disseram a respeito da raiva (ou ansiedade ou excitação sexual) quando você era criança ou adolescente? Ouviu que ter esses sentimentos era sinal de depravação, fraqueza moral ou outra característica negativa de personalidade? Foram-lhe transmitidas mensa-

gens dúbias acerca desses sentimentos humanos fundamentais? Consulte, no capítulo 1, sua avaliação no tópico "Esperavam que você fizesse o impossível?", em que identificou os "deveres" que lhe foram impostos na infância. Algum deles se referia à raiva (ou ansiedade ou excitação sexual)?

2. Você se sente bem com sua raiva (ou sexualidade ou nível de ansiedade)?

3. Você sente ser capaz de administrar esses sentimentos quando se tornam intensos ou tem medo de que essas emoções sejam capazes de oprimi-lo a ponto de sentir-se fora de controle?

4. Você já perdeu o controle ou se arrependeu de seu comportamento quando ficou extremamente irado (ou ansioso ou sexualmente excitado)?

5. Escreva cinco ou seis frases a respeito de suas reações ao ser invadido pela raiva (ou ansiedade ou desejo sexual). Quando sente a raiva (ou ansiedade ou desejo) crescendo, você fica com medo de si mesmo? Nesses momentos, sente-se sufocado pelas próprias emoções?

Pesar

Outra emoção humana intrigante é o pesar. Sentir pesar e lidar com as perdas estão entre os aspectos mais difíceis da existência humana. Emocionalmente, o pesar é um desafio tão grande que algumas pessoas, sofram ou não de claustrofobia emocional, procuram evitá-lo a qualquer custo.

Como é mais fácil sentir raiva do que tristeza! Quando se sente raiva, há uma onda de adrenalina e fúria. Você sente que está vivo. Mesmo quando está ansioso, você sente que está vivo. Mas quando está pesaroso é como se fosse um balão vazio. A dor da perda o absorve e você se sente vulnerável, indefeso e fraco. E sofre. Pode sofrer a ponto de parecer que está morrendo por dentro.

Pessoas que mergulham na tristeza freqüentemente sentem que o pesar absorveu sua vida inteira, sufocando todos os outros interesses e preocupações. Mas aqueles que reprimiram o pesar ou que lutam con-

PESSOAS OU ACONTECIMENTOS EXTRAFAMILIARES...

tra ele podem sentir ainda maior claustrofobia emocional. Quem vive seu pesar pode ser sufocado pela tristeza, mas ao manifestar esse sentimento lentamente se liberta dele. Se prantear o suficiente, atravessará o intenso período de pesar que consome as emoções e a vida.

Quem, porém, ainda não pranteou ou não viveu seu pesar por completo pode com freqüência sentir-se asfixiado quando determinada situação ou pessoa toca a ferida, despertando assim a sensação de perda e tristeza que o acompanha. Quando essa consciência da perda é ignorada — porque a pessoa tem medo do pesar, não tem permissão dos outros para prantear ou não tem tempo ou lugar para isso —, o pesar reprimido pode sufocar a psique e manifestar-se na forma de claustrofobia emocional.

Uma dificuldade comum é não reconhecer todas as perdas. Enquanto todos conhecem perdas como morte na família, mutilação ou o fim de um relacionamento amoroso, existem outras perdas que merecem luto, como a perda de oportunidades para atualizar-se, a perda da inocência ou a perda da esperança que certo desejo se realize.

Dorothy, por exemplo, descobriu que a origem de sua claustrofobia emocional durante as férias se devia ao fato de não ter filhos. Durante anos fingira não se importar com o fato de ela e o marido não terem sido pais. O marido a adorava e ela tinha uma carreira satisfatória. Mas durante umas férias em que visitou a família, em contato com os vários sobrinhos, percebeu que a razão de sofrer de claustrofobia emocional naquela época era sua profunda tristeza por nunca ter engravidado. Quando foi capaz de chorar por sua perda, os sentimentos de asfixia nos jantares em família nas férias diminuíram muito.

Auto-avaliação: pesar

1. Que perdas emocionais, financeiras, vocacionais, sociais e pessoais você experimentou na vida? Pode identificar pelo menos cinco delas?

2. Você está plenamente consciente de cada perda? Sente que já a lamentou o suficiente?

3. Percebe qualquer relação entre essas perdas e a sensação de engolfamento quando algo ou alguém o faz lembrar o que perdeu?

Personalidades devoradoras

Algumas vezes a claustrofobia emocional tem pouco a ver com o indivíduo. Pessoas agressivas, ameaçadoras, dominadoras, invasivas, exigentes ou extremamente autoritárias provocam o medo de engolfamento em muitos de nós. Pessoas dominadoras podem dedicar tempo e energia a conquistas pessoais e recorrem sem hesitação à força física e emocional para coagir os outros a satisfazer seus desejos. Da mesma forma, pessoas que são emocional ou financeiramente inferiores (ou gravemente enfermas) podem tentar fazê-lo sentir-se culpado por ser mais afortunado e persuadi-lo a dar mais do que gostaria de seu tempo, dinheiro e de si mesmo. Por terem tantas e tão intensas necessidades, talvez você sinta que a interação com essas pessoas pode significar seu fim.

Por outro lado, pessoas extremamente charmosas, sexualmente atraentes ou carismáticas também podem gerar o medo de engolfamento. A própria atração que exercem pode parecer sufocante, e você talvez sinta que pode ser asfixiado se passar muito tempo com elas. Sejam excepcionalmente atraentes e poderosas, sejam excepcionalmente tortuosas e cruéis, personalidades intensas são perigosas mesmo para os aptos e experientes na imposição de limites em seus relacionamentos. Se você, no entanto, ainda estiver aprendendo a fazer essa delimitação, o contato com pessoas assim pode facilmente despertar a claustrofobia emocional.

Ainda mais difíceis de enfrentar são as personalidades dominantes tanto de forma negativa quanto positiva, como a supervisora de Sylvia, Freda. A duras penas, Sylvia aprendera a dizer não aos muitos pedidos da mãe viúva e também a impor limites aos avanços sexuais dos homens. Ela recebera diversos prêmios pelo excelente desempenho no trabalho, do qual gostava tanto que se dispunha a fazer horas extras de graça. Não tinha problemas de relacionamento com os superiores e colegas até que, sem nenhuma razão aparente, sua supervisora, Freda, começou a fazer avaliações negativas e a dar ordens que atrapalhavam os projetos de Sylvia.

Sob a alegação de ter encomendado mobília nova, Freda mandou que todos os móveis fossem retirados da sala da Sylvia. Mas passaram-se meses sem que a mobília chegasse, e Sylvia tinha de mudar de uma sala para outra, na dependência de encontrar um canto livre de algum colega ausente. Uma vez, teve de trabalhar no corredor.

Freda era extremamente brilhante, articulada e excepcionalmente talentosa na profissão. Ela havia ajudado a treinar Sylvia e elogiara sua capacidade. Mas agora, nas reuniões da equipe, fazia comentários depreciativos a seu desempenho e sugestões veladas de que ela teria um "problema de personalidade". Quando Sylvia manifestou sua preocupação, a supervisora encarou essa atitude como evidência de uma personalidade "litigiosa e anti-social" e de que ela estaria "perturbando" o escritório.

Mas Freda não estava sempre denegrindo Sylvia ou tornando sua vida difícil. Algumas vezes surpreendia a auxiliar com sua astúcia e a tratava como no passado: com cortesia e respeito. No entanto, sempre que a supervisora se aproximava dela ou lhe telefonava, Sylvia sentia-se sufocada e oprimida. Sua claustrofobia emocional às vezes era tão intensa que ela cometia erros ou gaguejava ao falar, o que a deixava ainda mais ansiosa e fazia com que cometesse mais erros, fatos que eram observados e comentados por Freda.

"É só Freda andar pelo corredor que eu me sinto sufocada — e paralisada", explica Sylvia. "Algumas vezes ela não fala comigo nem olha para mim. Nem sempre age com maldade. Será que estou louca por reagir assim? Tenho medo de perder o emprego — não por causa dela, mas porque me sinto tão sufocada que vou acabar fazendo bobagens."

Outro problema era que o medo de engolfamento tinha se espalhado para outras situações de trabalho. Ela começou a se sentir sufocada quando colegas ou ajudantes (que costumavam ser coordenados por ela) se aproximavam. A certa altura, bastava estar no escritório para sentir-se sufocada e oprimida. Sylvia decidiu procurar outro emprego, mas temia não ser capaz de causar boa impressão por causa da claustrofobia emocional que agora sentia em qualquer escritório e em reuniões de trabalho, especialmente na presença de pessoas cuja capacidade admirasse.

Auto-avaliação: personalidades devoradoras

Em nova página do diário intitulada "Personalidades devoradoras", responda às perguntas abaixo o melhor que puder:

1. Reveja os cinco ou seis últimos anos de sua vida. Você conheceu ou trabalhou com indivíduos de personalidade dominadora, seja devido a suas características positivas ou negativas, seja devido a suas necessidades emocionais ou financeiras? Escreva duas frases sobre as características de cada uma dessas pessoas que considera sufocantes para você.

Se desejar ir mais longe no passado e anotar os nomes das pessoas cujos poderes persuasivos geraram seu medo de engolfamento, pode fazê-lo agora ou mais tarde. Mas é importante não se sobrecarregar ao responder a estas perguntas. Deixe que suas reações sejam seu guia e consulte as instruções da Introdução sobre "Cuidados" para avaliar e administrar suas reações ao responder às questões.

2. Para cada um dos três casos que escreveu na resposta à questão 1, pense a respeito do convívio com essa pessoa e responda: como você reagia a ela? O medo de engolfamento era uma das reações? Você experimentou também outros medos? Nesse caso, quais?

Entenda que é perfeitamente possível ter reações igualmente positivas e negativas em relação a indivíduos de personalidade forte. Você pode, por exemplo, admirar a dedicação de uma pessoa a uma obra de caridade e mesmo assim ressentir-se da pressão que ela exerce para obter de você mais tempo e dinheiro. Você pode desprezar o comportamento ditatorial de um supervisor, mas admirar sua capacidade profissional.

3. Você sente que sua claustrofobia emocional é principalmente uma resposta direta a uma característica (ou características) específica do outro indivíduo? Nesse caso, qual? Você acredita que se sentiria sufocado se essa pessoa fosse 50% menos inteligente, atraente, rica, falsa, manipuladora ou tivesse metade da influência política ou qualquer outra característica de poder que possua?

CAPÍTULO 3

Como a claustrofobia emocional afetou sua vida?

Aqueles que já estiveram em programas de doze passos, como Alcoólicos Anônimos (AA), devem estar familiarizados com o quarto passo: fazer um inventário moral "destemido e perscrutador" de si mesmo. Geralmente ele consiste em fazer uma lista das pessoas que você acredita ter magoado, intencionalmente ou não, na época em que bebia, se drogava, comia demais ou deixava de comer por causa dos medos e ansiedades que estavam por trás do vício.

Uma das pessoas que devem, inegavelmente, constar dessa lista é você mesmo. Após completar o quarto passo, vai perceber como falhou consigo mesmo, magoou-se ou permitiu que outros tirassem vantagem de você ou como certos medos controlaram sua vida.

Neste capítulo você vai fazer um inventário de seu medo de ser sufocado, encarar as características específicas da claustrofobia emocional em sua vida e ver como isso abalou sua auto-estima, seus relacionamentos e suas perspectivas.

Essa tarefa pode parecer angustiante, mas só lhe será pedido que enfoque ou selecione algumas experiências desse medo, e você será orientado a dar um passo por vez.

A importância de um inventário pessoal

Até que você conheça a natureza específica de seu medo, não poderá começar a tratar dele. Ter uma imagem mental ou um "mapa" de sua claustrofobia emocional pode ajudá-lo a examinar melhor como esse medo afeta sua vida e como você pode começar a controlar seus efeitos negativos em sua auto-estima, seus relacionamentos e seus objetivos de vida. Você não pode começar a fazer mudanças antes de tomar consciência de seus hábitos e comportamentos atuais. Além disso, a pesquisa clínica indica que o processo de registrar medos e ansiedades pode ser uma ajuda valiosa no controle desses temores (Zuercher-White, 1998). O simples fato de gastar tempo para escrever sobre sua vida indica que você considera importantes sua vida e seu tempo.

À medida que avance na leitura deste livro, estará mais capacitado para responder às questões que se seguem. Deixe bastante espaço em seu caderno depois de cada resposta, para o caso de revisar o que escreveu e adicionar novos dados.

Iniciando seu inventário

Medo do inventário

Você está com medo de começar seu inventário? Tem receio de que, ao responder às perguntas, possa vivenciar aquele medo horrível de novo ou até mesmo que ele possa aumentar? Você tem medo de vir a sentir o quê? Tem receio de sofrimento emocional, desorientação, vazio interior? O que tem medo de vir a fazer? O que, especificamente, você teme que possa fazer ou dizer? Tem medo de perder o controle de alguma forma? Escreva cinco ou seis frases sobre esses medos.

Embora escrever sobre sua claustrofobia emocional possa trazer à tona algumas lembranças desagradáveis, a compreensão de seu problema é o primeiro passo no sentido de dominá-lo. Entretanto, se você sentir que a angústia desses sentimentos vai esmagá-lo ou que não será capaz de controlar-se, ou ainda se seu medo de engolfamento estiver enraizado em traumas que não foram tratados de forma adequada ou sa-

COMO A CLAUSTROFOBIA EMOCIONAL AFETOU SUA VIDA?

tisfatória, talvez precise parar de ler este livro e procurar tratamento profissional. Releia as sugestões dadas na seção "Cuidados", na parte introdutória do livro, para verificar se deve consultar um profissional de saúde mental antes de prosseguir.

Se você se sentir bem para continuar, responda às questões a seguir da maneira mais completa e franca que puder. Lembre-se de deixar bastante espaço entre as respostas para que possa revisá-las mais tarde.

Seus objetivos

1. Por que você comprou este livro? Decidiu comprá-lo por causa de um incidente recente? Se a resposta for afirmativa, escreva cinco ou seis frases a respeito e por que ele o levou a tomar uma atitude com relação a seu medo de engolfamento.
2. O que espera que este livro o ajude a conseguir? Pode relacionar três ou quatro objetivos que espera atingir com a ajuda do livro?
3. Depois de ter comprado este livro, como se sentiu? Acha que pode ajudá-lo ou pensa ter desperdiçado seu tempo, assim como desperdiçou o dinheiro?

Se uma parte de você se sentiu desesperançada, mas, por outro lado, teve esperança o suficiente para comprar o livro, isso leva a crer que sua esperança é maior que a desesperança. À medida que ler o livro, vai encontrar cada vez mais maneiras de vencer seus medos e de exercer maior controle sobre sua vida, o que deve aumentar suas esperanças no futuro.

Sente um pouco de vergonha por ter comprado este livro? Por quê? Teria vergonha de sentir qualquer tipo de medo ou existe algo especialmente vergonhoso no medo de engolfamento em comparação com outros medos? Escreva algumas linhas sobre suas sensações de vergonha: são fortes? Poderia associar a origem de seu sentimento de vergonha a seu pai ou a sua mãe, a um parente, vizinho ou professor? A um líder religioso, militar ou político? Ou a outra pessoa importante em sua vida que lhe tenha dito ser a claustrofobia emocional sinal de fraqueza ou deficiência moral? Caso seja homem, alguma vez lhe disseram que ter medo não é coisa de macho?

Se você realmente se sentiu envergonhado ou com medo de adquirir este livro, então o desejo de querer entender e desafiar seu medo de ser sufocado deve ser excepcionalmente forte a ponto de vencer sua relutância em conhecer o problema. Essa é uma indicação de que em algum lugar dentro de você existe o forte desejo de crescer e de dominar esse medo. Dê crédito a si mesmo por tentar mudar, a despeito de qualquer emoção negativa que possa ter sobre essa mudança.

Inventário do medo de ser sufocado

Brainstorming

Dê o título de *"Brainstorming"* a uma página de seu diário. Faça nessa página uma lista das situações e pessoas que despertam seu medo de ser sufocado. Não se censure enquanto escreve. Simplesmente faça a lista, deixando espaço em branco para preencher com novos dados mais tarde. Inclua os incidentes que registrou em seu diário nos exercícios dos capítulos 1 e 2.

Organização

As situações que você relacionou provavelmente variam de intensidade e duração sobre o medo de ser sufocado. Neste exercício, você deve classificar os incidentes em quatro categorias:

1. Situações em que o medo é mais fácil de suportar.
2. Situações com as quais você sente que poderia ser capaz de lidar após alguns meses de terapia ou de trabalhar com este livro seu medo de ser sufocado.
3. Situações que você poderia (talvez) enfrentar dentro de alguns anos.
4. Situações que planeja evitar pelo resto da vida.

Intitule "Organização" outra página de seu diário e divida-a em quatro colunas, da esquerda para a direita, com as rubricas: "Mais fáceis de lidar", "Possíveis de enfrentar dentro de um ano", "Possíveis de enfrentar num futuro distante" e "Impossíveis de enfrentar para sempre".

Pegue sua lista do exercício de *brainstorming* e coloque cada situação geradora de medo na coluna apropriada.

Selecione três situações para trabalhar

Quando se sentir pronto para enfrentar uma situação que envolva o medo de ser sufocado, escolha uma das situações da coluna "Mais fáceis de lidar". Começar por uma situação mais difícil, como as da segunda ou terceira colunas, pode levar ao fracasso. Nenhuma situação ameaçadora, mesmo que você a tenha classificado como relativamente fácil de ser enfrentada, é realmente fácil. No entanto, é necessário começar por algum ponto e o melhor é começar por onde haja maiores chances de sucesso. O incidente escolhido deve ser uma situação que você supõe ter de enfrentar novamente, e não aquela que jamais voltará a ocorrer. Você se sentirá mais motivado a empenhar-se em diminuir o medo da situação ameaçadora se souber que há um resultado prático para seu esforço.

O que aconteceu?

Nesta seção deverá recriar o incidente na forma de uma narrativa ou história, da forma mais detalhada possível. Responda às perguntas abaixo o melhor que puder:

O que aconteceu primeiro? O que aconteceu em seguida? O que aconteceu depois etc.? Quem estava com você? O que essa pessoa disse ou fez? O que você disse ou fez? Descreva o ambiente físico. Aconteceu ao ar livre, num espaço fechado ou em um tipo específico de aposento? Quando aconteceu? Anote o horário, a data, o mês e a estação do ano. Havia alguma circunstância incomum envolvida?

Reveja o que escreveu até agora. O que você acha que deu origem ao medo? Foi algo que alguém disse ou fez ou algo que você fez, pensou ou sentiu? Alguma exigência declarada ou implícita foi imposta a você por alguém ou pela situação? Que exigências ou expectativas eram essas? Alguma delas despertou o medo ou contribuiu para isso? Você reconhece alguma outra origem para o medo, como experiências assustadoras anteriores em sua vida? Responda a cada uma dessas perguntas com pelo menos três frases.

O medo se desenvolveu lenta e gradualmente, em estágios, ou você estava se sentindo relativamente bem em dado momento e subitamente petrificado pelo medo no momento seguinte? Houve algum aspecto particular que fez com que cruzasse a linha entre um leve sentimento de desconforto e sentir-se realmente amedrontado? Se for assim, em que ponto você começou a sentir que estava perdendo o controle?

Esse episódio com o medo de ser sufocado foi único ou se tem repetido com freqüência?

Como era o medo?

Como foi sentir essa claustrofobia emocional? Dê cinco adjetivos que a descrevam. Agora escreva três ou quatro frases a respeito da sensação provocada por aquele medo. Quanto à intensidade, ele teve variações ou se manteve relativamente constante?

Você já havia sentido o medo de ser sufocado nesse tipo de situação ou foi a primeira vez? Se a experimentou antes, quando e em que circunstâncias? Teve outros sentimentos além do medo (por exemplo, raiva, ansiedade, excitação sexual, desorientação)?

Suas reações físicas

O medo não é gerado apenas pelo perigo real envolvido, mas também por suas reações físicas a ele e pelos pensamentos e convicções que tem a respeito dele e de sua habilidade para enfrentá-lo com eficácia. Nesta parte do inventário, você terá de identificar a forma como seu corpo reage ao medo de ser sufocado; posteriormente vai lidar com os tipos de pensamento e convicção que o medo de engolfamento provoca em sua mente.

Nossa cultura tende a ver mente e corpo como entidades separadas. No entanto, quando você sente algo poderoso, como medo ou estresse, seu corpo apresenta algumas reações previsíveis, como rigidez corporal e até mesmo dor. O primeiro passo para lidar com a tensão é tomar consciência dela. Se você for como muitas pessoas em nossa sociedade, deve conhecer melhor sua agenda de compromissos e a situação de sua conta bancária que a tensão de seu corpo. Mas para ser capaz de lidar com a situação é crucial conhecer os pontos de seu corpo que costumam ficar tensos quando sente medo de ser sufocado.

Voltando à situação que estava examinando detalhadamente, tente relembrar o estado de seu corpo. Feche os olhos por alguns minutos e imagine-se de volta àquela situação — absorvido pelo medo de engolfamento. Examine mentalmente seu corpo. Comece pelos dedos dos pés e vá subindo, perguntando-se: "Onde está a tensão? Estará em meus dedos, pés, pernas, joelhos, coxas, genitais, nádegas, barriga, peito, pescoço, mandíbula, testa, orelhas, olhos ou em alguma outra parte do corpo?" Outra abordagem é perguntar-se: "De que partes de meu corpo tomo consciência primeiro? Que partes consigo sentir facilmente e quais têm poucas sensações? Sinto algum desconforto físico?"

Não se apresse durante este exercício. Quando estiver consciente da forma como seu corpo reagiu quando experimentou o medo de engolfamento, tente permanecer cinco ou dez minutos com isso na mente. Observe se a tensão ou desconforto se desloca ou se transforma.

Depois anote no diário as respostas: Como reagiu fisicamente? Seu corpo apresentou sinais de ansiedade, como náusea ou formigamento no estômago, hiperventilação, fraqueza geral, tontura, tremores, batimento cardíaco acelerado, transpiração, boca seca, calores ou espasmos? Você sentiu tensão muscular, dores de cabeça ou dor em outras partes do corpo?

Enquanto algumas pessoas ficam ansiosas e superalertas quando sentem medo, outras experimentam sensação de entorpecimento. Você sentiu-se "travar", parecer fisicamente sem vida e com as emoções entorpecidas? Sentiu alguma dificuldade de memória, fala ou raciocínio, como pensamentos acelerados e desorientação? Sentiu fadiga, tontura ou dificuldade de mover-se? Escreva cinco ou seis frases sobre suas reações físicas. Seja o mais específico possível.

O que o medo o levou a fazer ou dizer?

O que você fez ou disse após ter se conscientizado de seu medo?

O distanciamento é uma forma de administrar emoções fortes ou perturbadoras. Você tentou se afastar fisicamente da situação? Nesse caso, como foi sua saída? Fez alguma observação sarcástica, começou uma briga ou usou desculpas falsas como doença ou compromisso inadiável? Você se afastou mentalmente, "desligando-se"?

Tentou disfarçar sua reação com humor? Tentou desviar a atenção de você para outra coisa ou pessoa?

Procurou suportar o medo com a ajuda de bebidas, drogas, alimentos ou fazendo compras? Tentou esquecer o medo assistindo à televisão ou a vídeos? Procurou se distrair agindo de forma sedutora, masturbando-se, vendo programas ou revistas pornográficos ou mantendo relação sexual com pessoas que não teria tocado se não estivesse sob a influência do medo de ser sufocado?

Os meios mais comuns de enfrentar o medo de ser absorvido incluem distanciamento físico e emocional ou intensificação de relacionamentos com animais, plantas e objetos inanimados. Também incluem busca espiritual. Para outros, entretanto, a procura pela espiritualidade ou religiosidade é impedida pelo medo de engolfamento.

O que você dizia a si mesmo?

"Tal como pensa, assim ele é" (Provérbios 23:7) é citação bíblica bastante freqüente. A verdade dessa afirmação é que a maneira de falar consigo mesmo afeta tanto sua forma de agir como seus sentimentos. Os psicólogos usam o termo autoconversação ou diálogo interno para se referir ao ato de constantemente "conversar consigo mesmo" mentalmente.

Neste exercício você vai relembrar o que pensava durante o incidente. Reproduza seu diálogo interno o mais fielmente possível. Tente também lembrar o que estava pensando momentos antes.

Preste atenção especial em qualquer crítica interna — vozes que lhe dizem que está pensando, sentindo ou fazendo algo errado ou vergonhoso. Por exemplo, como estava avaliando suas reações físicas ou emocionais durante a vivência do medo de ser sufocado? Se começou a transpirar, você aceitou isso como uma reação normal de ansiedade e medo ou julgou-se fraco ou incapaz por apresentar tal reação?

Seus críticos interiores sempre o colocam em situação de "não-vitória", isto é, o que quer que faça, sinta ou pense, você é sempre criticado e considerado incompetente? Suponha, por exemplo, que resolva afastar-se da situação causadora de claustrofobia emocional em vez de agüentar a dor causada por ela. Como encarou a decisão de retirada? Considerou-a um ato de covardia por não ter coragem de "agüentar até o fim" ou uma forma de cuidar de si mesmo? Por outro lado, se decidiu "agüentar até o fim", culpou-se depois por não ter tido coragem de levantar-se e sair ou parabenizou-se por ter tido coragem de suportar o medo? A forma de encarar as decisões é freqüentemente mais significativa que as decisões em si.

Suas convicções

Suas convicções orientam seus pensamentos, sentimentos e ações. No entanto, muitas pessoas têm dificuldade de identificar suas convicções e traduzi-las em palavras. Nesta seção, você vai anotar suas convicções enquanto sentia medo do engolfamento. Se for capaz de traçar o curso de suas convicções antes, durante e depois desses episódios negativos, terá maior domínio de seus processos mentais quando se confrontar novamente com situações amedrontadoras.

Em que acreditava momentos antes, durante e depois de ter sofrido o medo de ser sufocado? Imagine-se de volta à situação em que experimentou o medo. Que pensamentos específicos tinha a respeito de si mesmo, dos outros ou da situação?

Suas convicções mudaram no decorrer do episódio? Consegue lembrar aqueles pensamentos imediatamente anteriores ao despertar do medo? Não ignore nem minimize os primeiros estágios de seu medo de engolfamento. Os pensamentos que teve durante esse período podem ter determinado o aumento do sentimento subseqüente.

O que estava pensando quando a claustrofobia emocional alcançou o auge? E quando começou a diminuir? Você se sentiu encurralado? Teve medo de perder a cabeça, desmaiar, ter um ataque cardíaco ou morrer? Ficou preocupado com o fato de ser observado e julgado? Acreditou ser incapaz de superar a crise sozinho, mesmo que não houvesse nenhuma ajuda a sua disposição?

Em geral, as pessoas que sofrem do medo de engolfamento acreditam estar presas em uma armadilha, sem liberdade de escolha, isto é, ser impotentes. Elas tendem a acreditar que são incompetentes, sem autocontrole, deficientes e insignificantes em relação a outras pessoas envolvidas (e portanto sem direito de se defender ou de manifestar seus sentimentos e necessidades). Se ousarem expressar-se, algo terrível acontecerá ou o simples fato de sentiro medo poderá matá-las. "Assim que começo a escrever, entro em pânico. Sinto que serei sugada para um túnel profundo e que morrerei", explica Teresa, uma escritora de novelas. "É difícil continuar fazendo o que acredita que nasceu para fazer no campo artístico e ao mesmo tempo sentir que aquilo o sufoca."

Acreditar que está encurralado, impotente e que não tem escolha pode soar como: "Estou preso aqui. Não posso sair. Acho que só posso sofrer. Não posso me manifestar. Não posso me defender. Fui sempre um fracasso e estou velho demais para mudar. Não tenho escolha. Tenho de agir como no passado ou acontecerá algum desastre. Vou morrer. Não posso dizer não para essa pessoa. Não posso deixar que essa pessoa fique perto de mim, ou me destruirá. Se não disser nada, talvez as coisas melhorem. Não vale a pena criar caso. Se eu fizer o que sempre faço, nada vai dar errado".

Considerar-se incompetente e incapaz de ter autocontrole inclui pensamentos como: "Não vou ser capaz de lidar com isso e vou simplesmente estragar tudo ou sumir. Deve haver algo muito errado comigo, pois continuo tendo essa claustrofobia emocional. Não posso confiar em mim quando estou em companhia dessa pessoa. Não vou ser capaz de responder por mim com essa pessoa por perto. Se me aproximar dela, vou me sentir tão ansioso que não serei capaz de raciocinar e vou fazer um monte de besteiras. Tenho medo de recusar automaticamente qualquer pedido que me façam, só para ter certeza de que não me sufoquem, e acabar rejeitando mesmo aqueles razoáveis. Também tenho medo de ficar tão medroso a ponto de negar automaticamente tudo e afugentar todos que se aproximam de mim e tentar compensar tamanha irracionalidade concordando com tudo, e então ser sufocado".

Acreditar que suas necessidades e seus sentimentos valem menos que os da outra pessoa envolvida inclui pensamentos do tipo: "Não sou uma boa pessoa. Não sou confiável. Sou responsável pela saúde e pela felicidade dessa pessoa. Não valho nada. Tenho valor, mas a outra pessoa tem mais. A felicidade dela é mais importante que a minha. Minhas necessidades são importantes, mas as da outra pessoa são mais ainda. Posso agüentar o abuso/desapontamento porque sou forte — eles são fracos. Eles não suportariam se eu impusesse um limite. Pertenço a eles (a ela, a ele). Minha função é agradá-los. Se eu não agradar, terei falhado como filha (filho, patrão). Minha auto-estima depende da aprovação deles. Vou me sentir envergonhado e inútil se não fizer o que querem ou esperam".

Ao transferir seus pensamentos para o papel, tente ser o mais específico possível. Se tiver dificuldade de traduzir em palavras essas convicções, experimente as quatro estratégias a seguir (Zuercher-White, 1998):

1. Escreva qualquer coisa que lhe venha à mente. Não tente censurar seus pensamentos. Inclua as idéias racionais e as irracionais.
2. Tente visualizar-se de volta à situação em que sentiu o medo de engolfamento. Imagine o ambiente, o que estava vestindo ou carregando, a hora do dia e outros detalhes assim. Então pergunte-se: "O que eu estava pensando?", "E o que fiz depois disso? E depois?"
3. Se lembrar ter sentido que ia morrer, explodir ou desmaiar, pergunte-se como, exatamente, morreria, explodiria ou desmaiaria.

4. Caso não consiga identificar seus pensamentos ou suas convicções, deixe de lado o exercício e pense em uma situação presente que faz com que se sinta um pouco temeroso. Suponha, por exemplo, ter medo de pedir um dia de folga. Ao encaminhar-se para a sala do seu chefe, preste atenção no que está pensando e sentindo. Esses pensamentos e sentimentos podem lhe fornecer valiosas pistas a respeito daqueles que teve durante os episódios de claustrofobia emocional.

Sentindo-se encurralado

De que forma você se sentiu encurralado pela circunstância? O que o prendia? Que necessidades, convicções ou pressões conflitantes o mantinham encurralado? Enquanto se sentia aterrorizado você prometeu jamais repetir tal ação, jamais voltar a tal lugar ou ver tal pessoa? Ao fazer essas promessas, tinha consciência de que provavelmente seria incapaz de mantê-las? E, nesse caso, por quê? Que circunstâncias, convicções ou sentimentos iriam preveni-lo para que evitasse essa experiência no futuro?

Completar as frases abaixo pode ajudar a identificar atitudes, convicções e medos conflitantes com os quais se debate:

1. Eu gostaria de _____, mas senti que não poderia porque _____.

2. Por um lado, senti que precisava _____. Por outro, precisava também _____.

3. Eu amo/estou comprometido/acredito/dou valor a _____ _____, mas também amo/estou comprometido/acredito/dou valor a _____.

4. Senti que minha principal prioridade na época era _____ _____, mas ao mesmo tempo minha outra prioridade mais importante era _____.

Aprendendo com as contradições

Depois de ter escolhido um incidente para trabalhar, sua primeira tarefa foi tentar recriar a situação na forma de uma narrativa ou história o mais detalhadas possível. Releia o que escreveu como resposta na seção "O que aconteceu?" e faça a seguinte pergunta: em que medida suas reações emocionais aos eventos corresponderam aos acontecimentos factuais?

Por exemplo, se você escreveu a respeito de uma época feliz junto de alguém em particular e depois percebeu que estar com aquela pessoa havia provocado uma terrível crise de medo de engolfamento, como analisa essa contradição? Da mesma forma, se escreveu a respeito de ter sido maltratado por alguém e depois, ao descrever seus sentimentos, não indicou ter qualquer raiva nem sentimentos negativos em relação àquela pessoa (apenas o medo de engolfamento), como explica essa discrepância?

Se não for capaz de progredir nessa questão, talvez seja necessário consultar um terapeuta profissional. O fato de sentir-se encurralado e a discrepância entre o que aconteceu e aquilo que sentiu são importantes para a compreensão das causas do medo de engolfamento.

Calcular os custos

Qual é o preço que paga por ter esse medo de ser sufocado e pela forma como reage a ele? Sobre essa situação específica que você escolheu para focalizar, descreva as maneiras como "paga" por ter esse medo ou pelas formas como reage a ele. Pergunte-se que oportunidades ou experiências está perdendo por causa de sua luta contra o medo de engolfamento? Como esse medo restringe seu envolvimento com a vida? Ele faz com que você evite situações corriqueiras?

Enfrenta dificuldades em sua vida familiar, social ou amorosa ou em progredir na carreira, por exemplo, por sua incapacidade de participar de certas atividades devido ao medo de engolfamento? Qual é o custo, em termos de tempo, dinheiro e produtividade, para tratar dos efeitos de ter vivenciado esse medo?

Alguns dos custos associados ao medo de engolfamento são relacionados abaixo. Alguns podem aplicar-se a você, outros talvez não:

1. Dificuldade de avaliar situações e pessoas.
2. Dificuldade de concentração.
3. Problemas de memória.
4. Dificuldade de enxergar a situação toda, distorcendo o que ocorre.
5. Falta de motivação para aprender coisas novas e conhecer pessoas devido ao medo de que novidades possam desorganizá-lo ou fazer com que se sinta impotente.
6. Dificuldade de organizar suas ações para alcançar um objetivo ou manter o foco durante uma conversa ou interação social.
7. Comprometimento do uso da razão ou de outras habilidades mentais.
8. Emprego de maior esforço para reagir a situações e pessoas que despertam o medo de sufocamento. Após a sensação de medo, é necessário esforço para acalmar-se. Quando o esforço parece grande demais, a tendência é afastar-se dessas pessoas e situações, pois lidar com elas exige grande dose de energia.

Seja o mais específico possível ao responder à questão do preço pago por sua claustrofobia emocional. Intitule uma folha "Custos" e divida-a em cinco colunas. Na primeira, escreva "Custos emocionais", na segunda, "Custos financeiros", na terceira, "Custos em saúde", na quarta, "Custos mentais" e na quinta, "Outros custos".

Na coluna de "Custos emocionais", por exemplo, Amy escreveu: "Jamais serei capaz de construir um relacionamento amoroso sério, a menos que consiga superar essa claustrofobia emocional que sinto quando um encontro dura mais de duas horas. Quando encurto os encontros, para poder lidar com eles, não tenho a oportunidade de conhecer realmente a pessoa. Então começo a sentir que por causa de minha limitação jamais terei o relacionamento compromissado e íntimo que desejo. Para punir-me, como exageradamente. A comilança dura apenas uma hora ou duas, mas posso levar até dois dias para recuperar a energia física e a auto-estima após a crise, e durante esse tempo não penso em ter outro encontro. Algumas vezes nem vou trabalhar. Esse é o custo do meu medo de engolfamento".

Na coluna de "Custos financeiros", Amy escreveu: "Se tenho de me levantar e sair para andar um pouco todas as vezes que sinto medo que um colega de trabalho me arrase, não conseguirei realizar meu trabalho e meu chefe vai achar que sou irresponsável. É preferível dizer que estou doente a ter de lidar com o dilema da escolha entre ter medo de ser arrasada e ter medo de ser demitida. Mas não posso fingir que estou doente para sempre, e ter muitas faltas por motivo de saúde prejudica meu trabalho".

Na coluna de "Custos em saúde", Amy registrou asma e bronquite, duas enfermidades relacionadas ao estresse que adquiriu em conseqüência da tensão e da preocupação constantes pelo medo de ser sufocada. Descobriu-se que outros problemas médicos relacionados a estados crônicos de ansiedade e estresse incluem úlcera, nefrites, dores de cabeça e dores lombares.

Seus sentimentos ao escrever a respeito do incidente

Faça agora uma pausa para refletir sobre os vários sentimentos que teve enquanto escrevia a respeito desse incidente. Você sentiu medo, raiva, ansiedade, desorientação, ódio de si mesmo, desejo sexual, repulsa sexual, nojo ou desejo de vingança ou perdão?

Se não consegue identificar nenhum desses sentimentos, precisa perguntar-se por quê. Seu estado emocional era normal ou os sentimentos foram tão intensos, ou tão proibitivos, que foi necessário não os relembrar nem sentir? É possível também que tenha percebido que seria (ou poderia ser) punido por revelar que tipo de sentimentos eram aqueles? Se necessário, você deve consultar um terapeuta para ajudar a identificar seus sentimentos.

Administrar seu medo de engolfamento é um processo a ser realizado passo a passo, um medo de cada vez. Você acaba de completar um ciclo de exame passo a passo de uma das situações que considerou "mais fáceis de lidar". Depois de ter identificado a situação, trabalhou para obter uma compreensão melhor do que aconteceu, a natureza do medo naquela situação, suas reações físicas e como o medo afetou seu comportamento, pensamentos e convicções. Esse tipo de análise aprofundado é o primeiro passo em direção ao maior controle das situações que geram a claustrofobia emocional.

Quando sentir que está pronto para continuar a trabalhar com sua claustrofobia emocional, pode escolher mais um ou dois incidentes da coluna "Mais fáceis de lidar" e seguir as instruções utilizadas para analisar o primeiro incidente.

Parabéns. Você já realizou um bom trabalho. À medida que tenha mais compreensão desse medo, seu poder de influência sobre sua capacidade de amar, trabalhar e brincar começará a diminuir.

CAPÍTULO 4

Seus medos pertencem ao passado ou ao presente?

No capítulo 3 você examinou detalhadamente três exemplos de claustrofobia emocional. Pôs cada um desses exemplos sob um microscópio emocional, examinando os diversos aspectos dos incidentes e as várias alterações de estado emocional, físico e mental que pôde recordar. O objetivo dessa análise minuciosa foi lhe dar base para descobrir e aplicar métodos de gerenciamento de sua claustrofobia emocional em situações similares no futuro. Mesmo que jamais se sinta bem em tais situações, não será sufocado nem apavorado a ponto de restringir suas opções.

Neste capítulo você dará o primeiro passo na direção de enfrentar o medo de engolfamento. A tarefa será tentar determinar algumas das possíveis causas para sua claustrofobia emocional em cada um dos exemplos, separadamente. No exercício que se segue, vai fazer o papel de um psicólogo e analisará, em cada exemplo, como adquiriu o medo de engolfamento. As causas de sua claustrofobia emocional podem ser as mesmas, ou diferentes, para todos os três incidentes,. Haverá uma causa principal ou várias. A compreensão das causas poderá não ser suficiente para ajudar a administrar o medo, mas é um importante começo.

Causas da claustrofobia emocional

Em nova página de seu diário, chamada "Causas de minha claustrofobia emocional", enumere as causas de seu medo para os três incidentes examinados no capítulo 3. Você deve ter três páginas, uma para cada ocorrência. Para ajudar a identificar as causas, seria bom rever as descrições das várias causas possíveis nos capítulos 1 e 2, que incluem potencialmente hostilidade paterna e materna, ciúme e/ou maus-tratos, simbiose e triangulação em sua família de origem, expectativas exageradas ou conflitantes, síndrome de vítima, personalidades excessivamente dominadoras, estresse e traumas familiares, dificuldade de lidar com determinadas emoções, como raiva, ansiedade, sexualidade e culpa. Talvez você queira também revisar as respostas sobre a auto-avaliação dos capítulos 1 e 2.

Se tiver dificuldade em identificar as causas de seu medo de engolfamento, imagine outra pessoa com os mesmos problemas de claustrofobia emocional. O que diria a ela sobre as causas de seu medo?

Essas causas continuam válidas hoje?

A respeito de cada uma das causas que identificou no exercício anterior, deve se perguntar: "Essa causa é válida hoje? Se for, quão válida? É tão válida hoje quanto foi no passado?"

Uma situação ou pessoa que no passado foi massacrante para você pode não ter o mesmo efeito hoje. Se for esse o caso, é necessário fazer uma distinção clara entre o passado e o presente. Caso seja necessário, deve relembrar continuamente, até automatizar, que aquilo que era verdadeiro no passado já não é verdadeiro (ou não tão verdadeiro) hoje.

Suponha, por exemplo, que no passado tenha tido uma relação simbiótica com seu pai ou sua mãe ou que fosse presa da intromissão, ciúme ou triangulação de seus pais. Agora, já adulto, não precisa mais da proteção nem do apoio financeiro deles. Mesmo que seja maravilhoso ter, em qualquer idade, o apoio emocional dos pais, como adulto você pode encontrar outras fontes de segurança e suporte e também aprender a se auto-afirmar. Conseqüentemente, caso sinta hoje claustrofobia emocional no relacionamento com seus pais — como resultado do poder que no passado tiveram sobre você —, precisa lembrar que não é mais uma criancinha que dependia e precisava deles para seu bem-estar. Você é uma pessoa independente agora e, apesar de ainda desejar ser reconhecido, aprovado e apoiado por seus pais, pode sobreviver sem seu amor nem ajuda.

Para cada uma das causas de sua claustrofobia emocional, escreva duas ou três frases analisando se o poder original que provocou aquela causa ainda existe. Em caso afirmativo, em que medida?

Annette, por exemplo, escreveu:

A causa original de meu medo de engolfamento por minha mãe foi que, quando eu era criança, ela realmente me esgotava. Ela tirava todo o meu tempo e energia emocional e queria que eu compartilhasse tudo com ela, mesmo coisas que uma criança não deve compartilhar com seus pais. Quando meus amigos me visitavam, ela tentava participar da conversa. Mesmo depois de casada, ela interrompia minhas conversas com meu marido para dizer alguma coisa. Ela era tão carente que eu temia que desabasse sem mim. Era isso que os outros me diziam — que minha mãe precisava de mim e sem mim ela enlouqueceria. Ela pode ter precisado de mim, mas eu também precisava dela, pois crianças dependem dos pais.

Essa causa original ainda é válida? Eu ainda sinto que a enorme carência de minha mãe e seu desejo de me ter inteira são uma realidade presente. Mas a verdade é que saí de casa há mais de dez anos, e ela vai bem. Quando saí de casa pela primeira vez, para me casar, ela gritou e chorou. Chegou a ter uma úlcera e a atribuiu à minha partida. Ficou mais deprimida que o normal, mas não precisou ir para o hospital nem tentou suicidar-se. Minha partida não a matou, como pensei que aconteceria.

E eu, também, não preciso dela como antes, porque sou adulta agora. Mas ainda preciso dela em minha vida — como uma filha adulta precisa da mãe. E tudo bem se ela precisar de mim como uma filha adulta, mas não como uma salvadora nem como melhor amiga ou alma gêmea.

Tom, que desenvolveu o medo de engolfamento depois de ter trabalhado para um gerente hostil e controlador por dez anos, em seu novo emprego sentia esse medo todas as vezes que o supervisor se aproximava dele. Ao examinar a validade da causa de sua claustrofobia emocional no novo emprego, escreveu:

> *Quando eu trabalhava para Bill, ele estava a toda hora em minha mesa, atormentando-me por qualquer coisa e reclamando. Chegava até a cronometrar o tempo que eu ficava no banheiro. Ele me controlava a ponto de me fazer sentir que tinha 2 anos de idade, com um paizão malvado sempre me vigiando. Como precisava do salário e achava que não tinha outra opção de trabalho, tive de suportar esse sufocamento.*
>
> *Meu atual gerente, Andy, também é exigente, mas não irracional e hostil como Bill. Mesmo assim, sempre que se aproxima para verificar o andamento de um projeto, o velho medo de engolfamento ressurge. Mas Andy não está tentando me sufocar, só está fazendo o trabalho dele, mesmo que seja um pouco autoritário. Preciso me lembrar de que, ao contrário de Bill, Andy não está dirigindo sua raiva contra mim, não faz perguntas pessoais nem vem à minha mesa diversas vezes por dia — apenas algumas vezes ao longo da semana.*
>
> *A causa original já não existe. Realmente não preciso mais reagir com medo de ser sufocado. Posso ficar atento para ver se Andy mostra sinais de hostilidade como Bill, mas no momento estou lidando com um chefe exigente, e não com alguém psicologicamente perturbado. Além disso, minha situação financeira já não é tão precária quanto no passado. Se Andy começar a se transformar em um Bill, posso procurar outro emprego. Talvez não ganhe tanto, mas agora tenho saída. Não estou preso na armadilha como na época em que trabalhava para Bill.*

Plano de ação para enfrentar determinadas causas

Verifique se as causas de seu medo de engolfamento se encaixam em alguma das seguintes categorias: violência ou maus-tratos na família, hoje, agressão na infância ou outro trauma passado, administração da raiva, administração da ansiedade, pessoas que abusam, manipulam ou exploram, excitação sexual desconfortável ou perturbadora. Em caso afirmativo, inicie as etapas delineadas abaixo para cada uma das categorias.

Violência familiar atual

Se seu medo de engolfamento é resultado de maus-tratos que persistem hoje, você precisa procurar imediatamente ajuda legal e profissional. Releia as recomendações apresentadas no capítulo 1.

Agressão na infância ou outros traumas anteriores

Se a claustrofobia emocional foi causada por uma história de maus-tratos na infância ou outro tipo de agressão, você deve procurar a ajuda de um terapeuta especializado em traumas. Releia as recomendações do capítulo 1 para os sobreviventes de traumas.

Administração da raiva

Caso seu medo de engolfamento seja conseqüência das dificuldades de controlar a raiva, é preciso que investigue sua origem e, no mínimo, aprenda algumas técnicas para administrá-la. Em alguns casos, precisará de ajuda profissional ou de medicamentos, pelo menos a curto prazo.

Administração da ansiedade

Se o temor de ser sufocado estiver relacionado a problemas para administrar sua ansiedade em circunstâncias variadas, e não apenas naquelas em que experimenta a claustrofobia emocional, talvez você tenha uma disfunção de ansiedade ou pânico e precise consultar um profissional especializado em saúde mental a esse respeito.

Pessoas que controlam, manipulam ou abusam

No caso de o medo de engolfamento ser provocado por alguém controlador, manipulador ou abusivo com quem você mantém relacionamento desigual em termos de poder, é preciso buscar alternativas práticas e legais. Se essa pessoa for seu empregador, chefe ou colega de trabalho, você precisará consultar um representante dos funcionários ou outro tipo de ajuda disponível no trabalho. Recomenda-se também que procure um advogado e consulte outros empregados (ou ex-empregados) em quem você confie. Dependendo das circunstâncias, seria recomendável buscar novas opções de emprego. Da mesma forma, se esse medo é provocado por um colega de quarto, será necessário realizar negociações formais. Se não for possível encontrar uma solução satisfatória e permanente, deve pensar em mudar-se.

O colega de quarto de Dimitri, por exemplo, consumia drogas. Quando seu vício começou a piorar, os objetos pessoais de Dimitri passaram a ser destruídos e era cada vez mais difícil ter momentos de paz para poder estudar. O transtorno que o colega lhe causava era tanto que ele desenvolveu claustrofobia emocional. O trabalho terapêutico com seu medo de engolfamento pode ter sido útil, mas não solucionou seu problema. Dimitri teve de tomar uma atitude.

Ele conversou com o colega de quarto, depois com os pais dele e, finalmente, com as autoridades da universidade. Quando, por uma série de razões, tornou-se claro que nem a escola nem os pais estavam dispostos a tirar o rapaz do dormitório, Dimitri mudou de alojamento.

Nos casos em que se é vítima de organizações ou entidades sociais, militares ou políticas, a eficácia das técnicas psicológicas descritas neste livro é limitada. Suponha, por exemplo, que você denuncie um grupo do qual faz parte por corrupção. Quando vier a retaliação, apesar de técnicas de relaxamento e outros recursos tranqüilizantes serem úteis, não serão suficientes. Outras formas de ação judicial e política precisarão ser consideradas.

Excitação sexual

A excitação sexual não é, por si mesma, causa de claustrofobia emocional se está num nível normal e aceitável. Se, no entanto, essa excitação lhe é desconfortável ou lhe parece inaceitável ou indesejável, pode provocar claustrofobia emocional. Se você tiver sentimentos conflitantes acerca de certos graus ou tipos de excitação ou ato sexual, a tensão desse conflito ou entre o nível de excitação física e o desconforto que sen-

SEUS MEDOS PERTENCEM AO PASSADO OU AO PRESENTE?

te poderão fazer com que fique perturbado e sufocado por suas próprias sensações ou pelo turbilhão emocional.

Tendo observado que sua claustrofobia emocional tem ligação com o sexo, será útil investigar suas atitudes e crenças a respeito da sexualidade por meio de um inventário. Com a investigação poderá identificar os conflitos no âmbito sexual que podem precipitar a claustrofobia emocional.

O impulso sexual é uma poderosa força biológica, e as mensagens que recebe a respeito de sexo e conduta sexual são igualmente poderosas. Talvez essas mensagens tenham sido confusas e conflitantes. Seus professores e líderes religiosos podem ter lhe ensinado uma série de atitudes em relação ao sexo que diferem do ponto de vista de seus amigos, da mídia ou de parceiros sexuais (caso você seja sexualmente ativo).

Muitos homossexuais sentem-se bem com sua orientação sexual e estilo de vida. A homossexualidade, no entanto, não é universalmente aceita em nossa sociedade. Assim, alguns homens e mulheres homossexuais sentem-se alvos de ridicularização, rejeição e maus-tratos. Sentir-se atraído por um indivíduo do próprio sexo não é inerentemente desconfortável, mas devido ao preconceito sexual alguns homossexuais sofrem de ansiedade em relação à sua escolha. Como conseqüência, seus impulsos eróticos podem confrontá-los com um dilema que talvez seja sufocante, isto é, uma escolha entre sua preferência válida e verdadeira e as pressões sociais no sentido contrário.

Em situações assim, sentir-se sexualmente atraído por um indivíduo do mesmo sexo pode criar um conflito interior que parece poder sufocá-lo. Mesmo que pudéssemos considerar desejável, não é possível "mudar" nossa orientação sexual para satisfazer expectativas sociais. Por outro lado, é muito difícil mudar os preconceitos entranhados em certos segmentos da sociedade, mas um trabalho voltado para a busca dessa mudança talvez seja uma forma saudável de direcionar a tensão e a raiva causadas pelo preconceito social.

Devido às enormes mudanças socioculturais em nossa sociedade e em todo o mundo nas últimas décadas, é normal e natural que muitas pessoas se sintam desorientadas a respeito do sexo. Um guia completo para lidar com a sexualidade ultrapassa o objetivo deste livro. Um passo que você pode dar, porém, é investigar suas atitudes e convicções a respeito do sexo fazendo um inventário.

Inventário pessoal de atitudes em relação a sexo

Em nova folha de seu diário, com o título de "Meus sentimentos em relação a sexo", escreva seis ou sete frases a respeito de suas convicções sobre o sexo em geral e seis ou sete a respeito das atitudes sobre sua própria sexualidade. Observe como se sente ao responder a essas questões. Ansioso, deprimido ou com raiva? A claustrofobia emocional é uma de suas reações?

Revisando o que escreveu até agora, você vê alguma relação entre seus sentimentos sobre sexo (em geral) ou sua sexualidade (em particular) e seu medo de ser sufocado? Caso exista essa ligação, escreva cinco ou seis frases a respeito.

Inventário do que aprendeu sobre sexo

Talvez parte de suas dificuldades com a excitação sexual seja resultado do que aprendeu com outros: aquilo que lhe disseram a respeito do sexo e aquilo que você observou na forma como conduziam sua vida sexual. O inventário a seguir vai ajudar a descobrir se parte da claustrofobia emocional tem origem em sua sexualidade.

Em nova folha de seu diário, escreva "Mensagens a respeito do sexo" e responda o melhor que puder às perguntas que se seguem. Divida a folha em duas colunas. Na primeira, responda: "O que as pessoas ou grupos abaixo me disseram a respeito de sexo?". Na segunda, responda: "O que as mesmas pessoas ou grupos me ensinaram por meio de sua forma de viver a própria sexualidade?"

SEUS MEDOS PERTENCEM AO PASSADO OU AO PRESENTE?

O que me disseram sobre sexo	O que aprendi sobre sexo observando essa pessoa ou grupo
Mãe	
Pai	
Irmão(s)	
Irmã(s)	
Avós, tias/tios	
Primos/outras pessoas da família	
Pais adotivos ou padrasto/madrasta	
Irmãos adotivos ou meio-irmãos	
Outros parentes por afinidade	
Grupo religioso na infância	
Outros grupos religiosos	
Amigos (na pré-adolescência)	
Amigos (na adolescência)	
Amigos (adultos)	
Amigos atuais	
Patrões e colegas de trabalho do passado	
Patrões e colegas de trabalho atuais	
Parceiros sexuais do passado (caso haja)	
Parceiro sexual atual (caso haja)	

Releia aquilo que escreveu no quadro acima. Existem contradições entre o que determinadas pessoas ou grupos lhe disseram a respeito de sexo e seu comportamento? Faça uma lista das contradições.

Revise mais uma vez seu inventário de aprendizado sexual. Existem contradições entre o que um grupo ou pessoa lhe disse e o que outros disseram? Quais seriam?

Alguma das diferenças ou contradições tem relação direta com suas atitudes quanto à sua sexualidade? Em caso positivo, escreva cinco ou seis frases sobre o assunto.

Você considera sua posição em assuntos relacionados ao sexo firme e clara? Em caso negativo, em que áreas se sente contraditório, inseguro ou confuso? Seu medo de engolfamento está de alguma forma relacionado a essas áreas? Por exemplo, caso ainda não tenha certeza de que seja correto ter relações sexuais antes ou fora do casamento, e se lhe apresente uma oportunidade de praticá-las, corre risco de ser sufocado pela sua excitação sexual. Qualquer desorientação a respeito do que seja um comportamento sexual adequado, além de outros possíveis fatores envolvidos (se o parceiro sexual é conveniente, por exemplo), poderá contribuir para a sensação de asfixia provocada por sua excitação sexual.

Se você sofre de claustrofobia emocional quando fica excitado sexualmente, existe alguma relação entre essa sensação de asfixia e o que lhe foi ensinado a respeito do sexo? Por exemplo, ouviu que é errado sentir-se sexualmente atraído por um parente ou por alguém do próprio sexo ou ficar excitado todo dia? Você acredita que o desejo sexual é, por si mesmo, perigoso ou impróprio na maioria das situações ou que há alguns tipos de desejo que devem ser reprimidos e evitados?

Robin, por exemplo, considerava-se feliz no casamento. Nunca teve problemas sexuais com o marido. Certa noite, conheceu um primo distante do marido e sentiu-se instantânea e fortemente atraída por ele. Durante semanas, Robin teve acessos de claustrofobia emocional sempre que pensava em se encontrar com aquele primo, quando seu nome era mencionado ou toda vez que ia para a cama com o marido.

A origem da claustrofobia emocional de Robin não era a incerteza sobre seus padrões de conduta: para ela, as relações extraconjugais eram erradas. Nem estava relacionada com medo da excitação sexual — ela aceitava a idéia de sentir desejo por outro homem. Mas sentia que ser atraída por um parente, mesmo que ele não fosse consangüíneo ou que nunca o tivesse visto antes, era uma perversão moral. Em algum momento do passado, aprendera que desejos como os dela eram depravados e que seria punida.

Na avaliação do papel que os sentimentos e atitudes sexuais desempenham em sua claustrofobia emocional, é preciso considerar as seguintes questões:

Seu medo de ser sufocado vem do temor de perder o autocontrole uma vez excitado? Sentir desejo sexual e agir para a satisfação desse desejo são coisas diferentes, da mesma forma que sentir raiva é diferente de uma agressão real. Essa distinção é clara para você?

Revendo o quadro que preencheu, pense se conheceu alguém incapaz de controlar seu comportamento sexual. Foi com você? Alguma vez foi incapaz de se controlar ao ser sexualmente excitado? É possível que sua claustrofobia emocional esteja relacionada ao medo de uma possível incapacidade para controlar-se sexualmente?

Se for assim, está consciente de que pode se envolver em situações emocional e fisicamente perigosas como resultado da dificuldade de se controlar sexualmente? Nesse caso você precisa procurar ajuda profissional.

CAPÍTULO 5

Controle da ansiedade

As técnicas apresentadas neste capítulo incluem aquelas que os terapeutas têm utilizado como padrão por décadas para ajudar pessoas a se acalmar e reduzir os efeitos psicológicos de vários tipos de fobia. Essas técnicas abrangem respiração profunda, relaxamento muscular, relaxamento dos olhos e imaginar um local seguro. São discutidos também os possíveis benefícios do exercício físico.

Esses e outros métodos de relaxamento têm ajudado muitas pessoas a interromper o círculo vicioso da claustrofobia emocional, que faz você se sentir descontrolado e indefeso, o que leva a claustrofobia emocional a crescer aos saltos. Ao manter-se calmo e tranqüilo, você pode evitar que um surto inicial de claustrofobia emocional cresça a ponto de dominá-lo.

O capítulo 6 o ajudará a administrar seus processos mentais de forma a refletir sobre as realidades e opções do presente, e não do passado. Ao concluir esses dois capítulos, você terá aprendido duas habilidades básicas para administrar seu medo de engolfamento: como assumir o controle do próprio corpo e o controle das convicções que estão em sua mente.

Como a ansiedade pode afetar suas forças físicas e mentais

Parte do inferno do medo de engolfamento é que ele leva a outro medo: o da perda de controle. A maioria das pessoas, quando ficam extremamente amedrontadas ou ansiosas, tem problemas para pensar direito. Elas tendem a reagir demais ou de menos, o que torna difícil ou impossível raciocinar com objetividade, lembrar, organizar e responder apropriadamente. Larry, um professor de Física de 45 anos, explica:

> *Eu fico como um idiota. Se alguma coisa desperta meu medo de engolfamento, minha mente fica lenta. Não consigo responder a perguntas simples e me sinto confuso. As pessoas me olham como se meu QI tivesse caído uns 50 pontos. Se o medo me ataca quando estou dando uma aula, completar minhas frases e passar de uma idéia para outra tornam-se tarefas monumentais. Os alunos me pedem que repita algum ponto e eu simplesmente não consigo lembrar o que acabei de dizer. Algumas vezes dei respostas hostis aos alunos, chamando-os de "lerdos" ou "estúpidos" por pedirem que eu repetisse algo. Mas a verdade é que, quando o medo de engolfamento ataca, eu é que fico lerdo e estúpido.*

Para ajudar-se, Larry datilografa as anotações de suas aulas e as distribui aos alunos. Assim, quando alguém pede mais explicações, Larry pode consultar essas anotações, o que, em seu estado de medo, é muito mais fácil que tentar raciocinar e lembrar o que lhe perguntaram.

Se você é como Larry, a experiência deve ter lhe ensinado que quando o medo de engolfamento invade sua mente, começa a ter problemas de memória, a dizer ou fazer coisas de que depois se arrepende ou deixa de dizer e fazer o que pretendia. Também pode ter reações físicas, como transpirar e tremer, que o deixam constrangido e embaraçado. Essas reações, como o que Larry chama de "ficar como um idiota", são respostas normais a medo e ansiedade extrema. Tanto as reações físicas, como transpiração, quanto as reações mentais, como problemas de memória, devem-se ao aumento do fluxo de adrenalina e a outras mudanças bioquímicas no corpo que acontecem quando a pessoa se sente ameaçada ou encurralada. (Veja no capítulo 3 descrição mais detalhada de conseqüências mentais da claustrofobia emocional.)

Imagine-se no início de uma experiência de medo de engolfamento. Ao sentir que a tensão cresce, você começa a entrar em pânico por temer que nada irá anulá-la. Você se pergunta (e com razão) se o medo vai atingir um nível insuportável, deixando-o indefeso e impotente.

Se souber, no entanto, que dispõe de meios para se acalmar e se concentrar, você poderá ter armas para combater a escalada do medo. Talvez não possa eliminar totalmente o medo, mas se conseguir manter-se calmo pode assegurar a si mesmo que será capaz de *administrar* as reações ao medo *o suficiente para enfrentar a situação*.

Reações físicas ao medo

No capítulo 3 você descreveu em detalhes três exemplos do medo de engolfamento, narrando inclusive suas reações físicas. Leia novamente, no inventário que fez naquele capítulo, o que escreveu como resposta à pergunta sobre suas reações físicas e corporais ao medo. Com base no que escreveu, você tende a sentir o medo em que partes do corpo?

Técnicas para administrar a ansiedade

As áreas em que você tende a sentir o medo são as que deve focalizar ao experimentar os diferentes métodos de redução dos efeitos físicos da ansiedade. Esses métodos incluem relaxamento muscular, relaxamento dos olhos, controle da respiração, exercícios físicos e imaginar um lugar seguro. Experimentando esse conjunto de métodos, deve encontrar pelo menos um que lhe seja útil. Quanto mais meios você tiver para se acalmar, melhor. Devido a limitações de espaço, outros métodos de relaxamento, como meditação, auto-hipnose, *biofeedback* e autogenia, não são apresentados aqui. Você pode aprender a respeito desses métodos em livros sobre administração de ansiedade.

A importância da prática

Para se beneficiar desses métodos, é preciso praticá-los repetidamente até se tornarem quase automáticos. Não é suficiente apenas ler a respeito ou ter uma compreensão intelectual. Você tem de *praticá-los* e torná-los um *hábito*. Todas as vezes que praticar um desses exercícios, estará treinando seu corpo para ouvir sua mente, de forma que quando você começar a sentir o medo, em vez de ficar com mais medo, sua mente automaticamente instruirá seu corpo — "relaxe seus músculos" ou "faça seu exercício de respiração" — e ele obedecerá.

Os exercícios de respiração e relaxamento muscular aqui apresentados são relativamente simples e podem ser aprendidos com facilidade. Mas isso não significa que você possa lembrá-los instantaneamente quando precisar deles. Quando se encontra em uma situação que lhe parece ameaçadora, a reação inicial de medo pode comprometer sua capacidade mental, fazendo com que esqueça até mesmo que esses métodos existem. Meus clientes têm afirmado com muita freqüência: "Naquele momento eu estava com tanto medo que até esqueci de respirar profundamente ou fazer os exercícios de relaxamento muscular. Acho que devia ter praticado mais. Assim eu teria lembrado".

Beth aprendeu a administrar a ansiedade quando estava se preparando para ter o primeiro bebê, durante um curso de parto natural. As mulheres grávidas aprendem a relaxar durante o parto usando diversas técnicas, como a respiração profunda e a visualização de um lugar seguro ou agradável (técnica que descreveremos mais adiante neste capítulo). Elas não apenas ajudam a mulher a relaxar (tanto quanto é humanamente possível durante o parto) mas contribuem também para reduzir a dor, que geralmente é maior se a pessoa está tensa.

Quando entrou em trabalho de parto, Beth sentiu-se sufocada física e emocionalmente. Ela sentiu tanto medo e dor que teve certeza de que não conseguiria respirar como lhe haviam ensinado, mesmo tendo praticado por muitas horas. Para surpresa de Beth, seu corpo obedeceu sem problemas aos comandos da mente para respirar de determinada maneira. O controle da respiração contribuiu para aumentar sua autoconfiança e ajudou a reduzir a sensação física de dor. Ela explica:

Como praticante de exercícios respiratórios, eu não era nenhum modelo. Várias vezes fiquei em pânico e a dor piorou. Mas no instante em que disse a mim mesma que era melhor fazer aqueles exercícios de respiração, meu corpo respondeu quase imediatamente — e automaticamente. Não foi só minha sensação de asfixia que diminuiu, minha dor diminuiu também. Foi bom ter praticado bastante, porque com toda aquela dor e claustrofobia emocional que tive durante o parto nunca teria lembrado nem o exercício mais simples. Mesmo com meu marido do lado me instruindo, se eu não tivesse praticado todos os dias durante meses teria sido difícil respirar de um jeito que fosse bom para mim.

Maria teve uma experiência semelhante como resultado da prática. Em seu diário, ela escreveu:

Acabei de sair de um acesso de medo de engolfamento. Uau, que expressão! Devo estar fazendo direitinho meu dever de casa psicológico para chegar a pensar em expressões como "medo de engolfamento". Quando estava dirigindo para casa, esse medo começou a me dominar. Pensei: "E agora? Do que é que estou com tanto medo?"

Depois de alguns pensamentos desesperadores, percebi que estava com medo de ir para casa porque teria de encontrar meu marido. Eu sentia que se ele me dissesse uma única palavra eu iria me sufocar ou morrer. Tinha medo de gritar com ele ou de não dizer nada e agir como um zumbi, na esperança de que ele não notasse que eu estava ali. Pensei em uma dúzia de razões para evitá-lo, como dizer que estava com gripe ou que precisava cochilar. Eu precisava de espaço para respirar e estava disposta a mentir para consegui-lo.

Estava dirigindo tão tensa que mal conseguia pensar. Fazia um grande esforço para dirigir com cuidado. "Eu não quero viver assim, sentindo-me sufocada só de pensar em meu marido e fazendo planos de como me desligar da vida e não estar presente", pensei comigo. Então, não sei como, lembrei-me de respirar fundo e fazer alguns exercícios de relaxamento.

Não acredito realmente nessa coisa de relaxamento muscular e respiração, mas tinha praticado muito para satisfazer meu terapeuta. E por algum motivo, apesar de meu ceticismo, ordenei a meus músculos que re-

laxassem. Não tive a paciência de relaxar um por um, como me foi ensinado, e respirei fundo só uma vez, em lugar de várias, como o terapeuta me recomendou.

Não acreditava que dizer aos músculos que relaxassem, o que durou poucos segundos, faria qualquer diferença, mas fez. Não fiquei calma, mas me acalmei o suficiente para perceber qual era o problema. Estava sexualmente excitada e tinha medo de que, se desse vazão a isso e procurasse meu marido, ele se assustaria com a intensidade do meu desejo e me rejeitaria, porque costuma ser sexualmente reservado. Também tinha medo do meu desejo porque se me entregasse a ele passaria mais tempo fazendo amor e menos tempo sendo produtiva, o que me assusta, porque sou valorizada, e me valorizo, pelos projetos que elaboro e pela ajuda que dou aos outros. Assim que percebi qual era o problema, pude lidar com ele. Fiquei muito aliviada por descobrir que o que eu sentia era desejo, e não que houvesse um problema maior entre meu marido e eu.

Como as histórias de Beth e Maria ilustram, quanto mais você praticar os exercícios, mais eles se tornarão parte de você. Pense quantas vezes você pôs em prática a sensação de ter mais e mais medo! Você é provavelmente especialista em como sentir-se sufocado. Agora precisa tornar-se especialista em outro processo — concentrar-se e acalmar-se.

Exercitando-se em situações não ameaçadoras será mais provável que se lembre dessas técnicas e as use quando estiver numa situação ameaçadora. Outra vantagem da prática freqüente é que o uso repetido dessas técnicas durante certo tempo pode, de fato, produzir mudanças em sua química cerebral que reduzem os efeitos psicológicos do medo e ajudá-lo a assumir o controle em situações de medo (Zuercher-White, 1998).

Se você ainda não leu a introdução deste livro, faça isso agora. Preste atenção especial nos cuidados que os sobreviventes de traumas devem tomar antes de realizar os exercícios deste capítulo. Muitos estudos mostraram os efeitos positivos do relaxamento muscular, da meditação e de outras técnicas tranqüilizadoras. Alguns estudos, no entanto, mostram que, para determinadas pessoas, a meditação e as técnicas de relaxamento muscular produzem efeitos negativos, como aumento da ansiedade, retraimento, desorientação e inquietação (Smith, 1998).

Julgue sempre a eficácia de qualquer técnica por seus resultados. A técnica ajuda, ainda que pouco? Não se pode esperar que nenhuma técnica elimine totalmente sua ansiedade e tensão, mas pode ser considerada útil se ela reduz sua ansiedade e o estresse a um nível administrável ou a um ponto em que o medo não interfere na capacidade de raciocínio.

Respiração profunda

O estado de tensão de seu corpo se reflete na maneira de respirar. Quando está sob estresse você respira superficialmente. No sentido inverso, praticando exercícios de respiração profunda é possível acalmar-se. A respiração profunda eleva o fluxo de oxigênio no cérebro, o que aumenta a capacidade de raciocínio e concentração e ajuda a eliminar as toxinas do corpo.

Os exercícios a seguir são úteis não apenas para lidar com as situações em que você sente o medo de engolfamento, mas também em qualquer circunstância em que é preciso se acalmar. Dois tipos de exercício de respiração profunda são apresentados: a respiração abdominal e a respiração tranqüilizante (Bourne, 2000).

Tente praticar uma dessas técnicas regularmente. Recomenda-se cinco minutos ao dia por duas semanas. Quando se sentir bem com uma delas, use-a para combater o estresse, a ansiedade e a claustrofobia emocional.

A prática contínua transformará qualquer uma das técnicas em uma segunda natureza. Você vai naturalmente respirar mais fundo, o que proporcionará uma sensação de relaxamento e bem-estar.

Sempre que experimentamos emoções como o medo, uma cascata de substâncias neuroquímicas é liberada em nosso corpo, e algumas delas afetam diretamente nossa saúde. O sistema límbico, por exemplo, que é o centro emocional do cérebro, está ligado à parte que controla o batimento cardíaco. Estimulações freqüentes provocadas por emoções negativas intensas ou estresse podem causar parada cardíaca e outros problemas coronários. O mesmo acontece com descargas constantes de adrenalina em conseqüência do perigo, estresse cotidiano ou medos como ser sufocado ou asfixiado. Com apenas algumas inspirações profundas, sinais elétricos são enviados ao cérebro para que relaxe os músculos, reduzindo a pressão sangüínea e a sobrecarga do coração, bem como melhorando a capacidade de concentração e de raciocínio.

Exercícios de respiração abdominal

1. Perceba seu estado de tensão. Depois, ponha uma das mãos no abdômen, logo abaixo das costelas.
2. Inspire lenta e profundamente pelo nariz em direção ao "fundo" dos pulmões — em outras palavras, leve o ar o mais baixo que puder. Quando você inspira a partir do abdômen, sua mão deve subir visivelmente. O peito deve mover-se apenas levemente, enquanto o abdômen se expande. (Na respiração abdominal, o diafragma — o músculo que separa a cavidade pulmonar da abdominal — se move para baixo, fazendo com que os músculos que envolvem a cavidade abdominal façam pressão para fora.)
3. Depois de uma inspiração plena, faça uma pausa e então expire lentamente pelo nariz ou pela boca, como preferir. Expire todo o ar. Ao expirar, permita que todo o seu corpo se solte (você pode visualizar braços e pernas ficando moles e soltos como os de uma boneca de pano).
4. Faça dez respirações abdominais lentas e completas. Tente manter um ritmo suave e regular, sem absorver grandes quantidades de ar de uma vez. Lembre-se de fazer uma pequena pausa ao final de cada inspiração. Conte progressivamente até dez após cada expiração. O processo deve ser assim:

    Devagar ... inspire ...pare ... expire devagar ... (conte *um*)

    Devagar ... inspire ...pare ... expire devagar ... (conte *dois*)

    Devagar ... inspire ...pare ... expire devagar ... (conte *três*) (e continue assim até *dez*). Se começar a sentir certa tontura, pare por trinta segundos e recomece.

5. Se desejar, aumente o exercício fazendo duas ou três "baterias" de respiração, lembrando-se de contar até dez em cada "bateria" (após cada expiração). Cinco minutos de respiração abdominal terão efeito profundo na redução da ansiedade e dos sintomas preliminares do pânico.

Caso prefira contar retroativamente, do dez ao um, faça-o.

Exercício de respiração tranqüilizante

1. Respirando a partir do abdômen, inspire lentamente contando até cinco (conte lentamente "um ... dois ... três ... quatro ... cinco" enquanto inspira).
2. Pare e conte até cinco prendendo a respiração.
3. Expire lentamente, pelo nariz ou pela boca, contando até cinco (ou mais, se levar mais tempo). Certifique-se de que expirou todo o ar.
4. Quando tiver expirado por completo, respire duas vezes em ritmo normal e depois repita os três primeiros passos acima.
5. Continue o exercício por pelo menos cinco minutos. Esse tempo deve compreender dez ou mais ciclos de inspirar-prender-expirar. Lembre-se de respirar normalmente duas vezes entre cada ciclo. Se começar a sentir alguma tontura, pare por trinta segundos e recomece.
6. Mantenha um ritmo suave e regular durante todo o exercício, sem absorver grandes quantidades de ar nem expirar repentinamente.
7. Opcional: cada vez que expirar, você pode dizer silenciosamente, para si mesmo: "relaxe", "acalme-se", "solte-se" ou outra palavra ou frase tranqüilizadora. Deixe que todo o seu corpo se solte enquanto realiza o exercício.

Relaxamento muscular progressivo

A tensão muscular que é prolongada por estresse ou trauma tende a limitar a circulação e provoca fadiga. Nosso corpo é formado por 620 músculos de sustentação. Quando eles se contraem, o glicogênio é cortado, liberando o ácido láctico, que leva à fadiga (Smith, 1998).

A técnica de relaxamento muscular progressivo, desenvolvida há mais de cinqüenta anos pelo doutor Edmund Jacobson, tem se mostrado eficaz em reverter os efeitos colaterais negativos da tensão muscular causada pelo estresse. Ela pode também ajudar a reduzir a tensão quando se encontra estressado ou quando começa a sentir o medo de engolfamento. Essa técnica é de grande valia para quem sente a ansiedade fisicamente, na forma de rigidez no pescoço, nos ombros, nas costas, no maxilar ou ao redor dos olhos, ou para quem sofre de pressão alta, insônia, espasmos musculares ou dores de cabeça associadas à tensão.

O relaxamento muscular progressivo envolve tensionar e depois relaxar dezesseis diferentes grupos musculares. Toma apenas de quinze a vinte minutos e não exige nada além de tranqüilidade e espaço suficiente para a pessoa deitar-se ou sentar-se confortavelmente. A menos que você tenha pensamentos negativos muito fortes durante o exercício, ou que algum dos músculos envolvidos tenha sido lesionado de forma a tornar o exercício doloroso, não há nenhum impedimento à adoção dessa técnica de relaxamento.

Eis algumas recomendações gerais:

- Reserve tempo suficiente (você pode precisar de uns trinta minutos por dia, no início) para fazer os exercícios. Os melhores horários são ao acordar, antes de deitar-se e antes de uma refeição. Depois de comer é o pior momento.
- Cuide para ficar confortável. O aposento deve ter uma temperatura agradável, ser tranqüilo e livre de interrupções; suas roupas não devem restringir os movimentos e todo o seu corpo deve estar apoiado. Você pode se deitar talvez com um travesseiro sob os joelhos para melhor apoio. Ou pode sentar-se em uma cadeira, mas certifique-se de que a cabeça esteja apoiada, bem como o res-

to do corpo. (Estar sentado pode ser preferível caso se sinta inseguro deitado devido a traumas passadas. Deve sentir-se completamente seguro na posição escolhida.)
- Tente não se preocupar nem pensar em eventos exteriores. Ponha tudo de lado por algum tempo. Tampouco se preocupe com seu desempenho na técnica. Você não está trabalhando nem participando de uma competição. Seu objetivo é relaxar.

Além de ajudá-lo a enfrentar situações ameaçadoras, a prática diária e regular do relaxamento muscular progressivo pode trazer benefícios significativos sobre seu nível geral de ansiedade. Você pode também usar os exercícios de relaxamento a seguir (Bourne, 2000) antes, durante ou após completar qualquer um dos exercícios de escrita deste livro.

A idéia é tensionar fortemente cada grupo de músculos (mas não a ponto de provocar uma distensão) por cerca de dez segundos e então soltá-los de repente. Aguarde cerca de quinze a vinte segundos para descobrir qual é a sensação do grupo muscular relaxado, em contraste com a sensação de quando está tenso, antes de passar para o próximo grupo de músculos. Pode também dizer a si mesmo, durante cada período de relaxamento, entre os sucessivos grupos de músculos: "Eu estou relaxando", "solte-se", "deixe que a tensão vá embora" ou qualquer outra frase tranqüilizadora. Durante o exercício a atenção deve estar voltada para seus músculos. Evite ficar disperso e concentre-se no grupo de músculos que estiver trabalhando no momento. As instruções abaixo descrevem em detalhes o relaxamento muscular progressivo:

- Quando tensionar um músculo, faça-o com vigor, mas sem excesso, por sete a dez segundos. Se quiser pode contar "um mil e um", "um mil e dois" e assim por diante, como forma de marcar os segundos.
- Concentre-se no que está acontecendo. Sinta o crescimento da tensão em cada grupo particular de músculos. Visualizar os músculos que estão sendo tensionados geralmente ajuda.
- Quando soltar os músculos, solte de repente e depois relaxe, desfrutando da súbita sensação de moleza. Mantenha-se relaxado pe-

lo menos quinze ou vinte segundos antes de passar para o grupo muscular seguinte.

- Tanto quanto possível, deixe que os *outros* músculos de seu corpo permaneçam relaxados enquanto trabalha com um grupo particular.
- Tensione e relaxe cada grupo muscular uma vez, mas se determinada área parecer especialmente tensa você pode tensionar e relaxar essa parte duas ou três vezes, esperando cerca de vinte segundos entre cada ciclo.

Quando estiver confortavelmente apoiado, em um local tranqüilo, siga detalhadamente estas instruções:

1. Para começar, faça três respirações abdominais, expirando lentamente a cada vez. Ao expirar, imagine que a tensão em todo o seu corpo começa a fluir e ir embora.
2. Feche os punhos com força. Mantenha por sete a dez segundos e depois solte por quinze ou vinte segundos. Use esse mesmo intervalo para todos os grupos musculares.
3. Contraia os bíceps dobrando os antebraços para cima em direção aos ombros e "fazendo muque" com os dois braços. Segure, depois relaxe.
4. Tensione os tríceps — músculos da parte de trás dos braços — esticando os braços retos para a frente e travando os cotovelos. Segure e depois relaxe.
5. Tensione os músculos da testa levantando as sobrancelhas o mais alto que puder. Segure e depois relaxe. Imagine que os músculos de sua testa ficam lisos e soltos ao relaxar.
6. Tensione os músculos ao redor dos olhos fechando fortemente as pálpebras. Segure e depois solte. Imagine sensações de profundo relaxamento espalhando-se por toda a área em volta dos olhos.

7. Tensione a mandíbula abrindo a boca até esticar os músculos que sustentam o maxilar. Segure e depois relaxe. Deixe que os lábios fiquem abertos e que o maxilar fique solto.

8. Contraia os músculos posteriores do pescoço empurrando a cabeça para trás, como se fosse tocar as costas com ela. (Seja cuidadoso com esse grupo de músculos para evitar contusões.) Concentre-se somente em tensionar os músculos do pescoço. Segure e depois relaxe. Como essa área é geralmente mais tensa, seria bom fazer duas vezes a seqüência contrai/relaxa.

9. Respire profundamente algumas vezes e concentre-se em sentir o peso da cabeça afundando na superfície onde repousa.

10. Contraia os ombros, levantando-os como se quisesse tocar as orelhas com eles. Segure e depois solte.

11. Contraia os músculos em torno das omoplatas empurrando-as para trás como se quisesse juntá-las. Fique tensionado e depois solte. Como essa área é, em geral, tensa, você pode fazer duas vezes a seqüência contrai/relaxa.

12. Contraia os músculos do peito fazendo uma inspiração profunda. Segure por dez segundos e depois solte lentamente. Imagine que qualquer excesso de tensão em seu peito está indo embora conforme você expira.

13. Contraia os músculos do estômago retraindo-o. Segure e depois relaxe. Imagine que uma onda de relaxamento se espalha pelo abdômen.

14. Contraia a parte inferior das costas arqueando-se. (Você pode pular esse exercício se estiver com dores nessa parte do corpo.) Fique arqueado e depois levante-se.

15. Contraia as nádegas, juntando-as. Segure e solte. Imagine que os músculos dos quadris ficam soltos e moles.

16. Contraia os músculos das coxas até os joelhos. (Provavelmente os músculos dos quadris também vão se contrair, uma vez que

os músculos das coxas são ligados à pélvis.) Segure e depois solte. Sinta os músculos das coxas ficando macios e relaxando completamente.

17. Tensione os músculos da panturrilha puxando os dedos dos pés para cima (flexione com cuidado para evitar câimbras). Mantenha e depois relaxe.
18. Tensione os pés curvando os dedos para baixo. Segure e depois relaxe.
19. Examine mentalmente todo o seu corpo em busca de qualquer tensão residual. Se uma área em particular permanecer tensa, repita uma ou duas seqüências de prende/solta para aquele grupo de músculos.
20. Agora imagine uma onda de relaxamento espalhando-se lentamente pelo corpo, começando na cabeça e passando gradualmente por cada grupo de músculos, até os dedos dos pés.

Se quiser, grave os exercícios em uma fita-cassete para guiá-lo em suas primeiras sessões práticas ou compre uma fita de exercícios de relaxamento muscular progressivo. Existem muitas no mercado, algumas podem ser tocadas enquanto você dorme. As fitas para usar durante o sono, no entanto, não provaram ser particularmente eficientes e são ainda menos práticas para aqueles que têm distúrbios do sono.

Relaxamento dos olhos

Outra técnica de relaxamento que precisa de menos tempo para ser aprendida e usada é a dos olhos (Davis et al., 2000). Consiste em fechar os olhos e colocar levemente as palmas das mãos sobre as pálpebras. Seu objetivo é bloquear a luz sem exercer pressão sobre os olhos. Então, imagine a cor preta. Outras cores e imagens poderão flutuar em sua mente, mas você deve se concentrar nessa cor. Use uma imagem mental se quiser, como uma pasta preta, um casaco preto ou outro objeto preto, de forma a manter a mente focada nessa cor.

Depois de dois ou três minutos, abra os olhos lenta e gradualmente. Ao se abrirem, você deverá experimentar uma sensação de relaxamento nos músculos dos olhos.

Exercício físico

A meditação e o relaxamento são contraproducentes para algumas pessoas, que preferem a energia focada na forma de atividade física. Atividades físicas que envolvam movimento, como caminhadas, natação, marcha e dança, são altamente recomendadas para combater medos e ansiedades. Jardinagem, escultura e outros tipos de atividade manual também podem ser úteis.

Exercitar-se é um método comprovado para a redução do estresse. Não apenas ajuda a liberar raiva e ansiedade como estimula o cérebro a produzir endorfinas e outros antidepressivos. A menos que haja contra-indicação médica, o exercício é uma excelente forma de melhorar a saúde mental (Mc Kay et. al., 1989)

Inúmeros livros e programas encontram-se à venda para ajudá-lo a começar um curso de exercícios aeróbicos. Não precisa ser caro nem complicado — caminhar é uma das melhores formas de exercício se for feito da maneira correta. Só é preciso ter algumas coisas em mente:

- Deve ter a aprovação de seu médico antes de iniciar qualquer tipo de atividade física.

- Não comece de forma abrupta ou extenuante. Faça um *check-up* e converse com seu médico a respeito do que pretende fazer. Isso é especialmente importante se você fuma, é sedentário, tem histórico familiar de problemas médicos ou está com algum problema de saúde.

- Faça aquecimento antes de iniciar os exercícios e desacelere depois. Garanta pelo menos cinco minutos de alongamento e exercícios leves antes e depois da atividade.

- Sempre preste atenção em seu corpo. Se ele gritar "pare!", pare. Sinais de alerta incluem hiperventilação, dores no peito, dificuldade para respirar ou qualquer forma de dor aguda ou desconforto (McKay et al., 1989).

Imaginar um lugar seguro

Você consegue visualizar ou imaginar um lugar seguro? Talvez tenha havido em sua infância um local onde você se sentia a salvo de qualquer perigo e livre para ser você mesmo, sem medo de ser criticado, controlado ou magoado. Se esse lugar não existia em seu passado, em sua vida presente há algum espaço físico confortável, pacífico e seguro?

Feche os olhos e imagine esse lugar. Deve estar sob seu controle e ali só entrarem pessoas, objetos ou animais de estimação agradáveis, que o inspirem e afirmem seu valor. Portanto, apenas você tem o controle do acesso a seu lugar seguro.

Quando estiver imaginando esse local, acrescente detalhes físicos como a cor e o tamanho do aposento e objetos de decoração. Entre ali e toque os objetos. Sinta o ar — qual é seu cheiro? Onde você se senta para descansar? Imagine-se instalado confortavelmente ali. Está em companhia de alguém ou de algo? Como essas presenças o confortam e lhe dão prazer?

Dedique alguns minutos a visualizar seu local seguro. Pode ser real ou fantasia. Em qualquer caso, pode ir para lá a qualquer hora. Quando estiver estressado poderá transportar-se mentalmente para o lugar seguro, descansar em sua zona de proteção e decidir a melhor forma de lidar com o desafio que estiver enfrentando.

Medicação

Se os métodos sugeridos neste capítulo não o ajudarem ou forem apenas parcialmente eficazes, existe ainda o recurso farmacológico. Um psiquiatra pode receitar medicamentos que têm trazido alívio a muitas pessoas que sofrem de ansiedade e tensão graves. Algumas pessoas descobriram que precisavam de medicação ansiolítica para ajudá-las a atravessar um período difícil. Elas também foram capazes de suspender o remédio assim que suas condições de vida se estabilizaram. Alguns medicamentos precisam ser tomados regularmente, outros apenas quando necessário.

Existem muitos ansiolíticos e tranqüilizantes leves no mercado. A maioria é segura e apresenta relativamente poucos efeitos colaterais. A medicação é, no entanto, uma solução de curto prazo para o estresse e o medo de engolfamento. Ser capaz de se acalmar com exercícios de relaxamento, respiratórios ou outra técnica e estar consciente de suas verdadeiras capacidades em qualquer situação são, a longo prazo, as condições necessárias para o controle da tensão física. (Cuidado: se você começar a usar medicamentos psiquiátricos, consulte seu médico antes de tentar qualquer dos exercícios descritos neste capítulo.)

CAPÍTULO 6

Assumir o controle da mente: avaliação de convicções

Neste capítulo você alcançará conscientização mais profunda das convicções que o dominam quando está sob o efeito do medo de engolfamento. Depois de ter identificado essas convicções, deve perguntar-se: até onde essas crenças são verdadeiras? São úteis para o meu bem-estar e o de outras pessoas? Em que medida minhas convicções precisam ser modificadas?

Algumas de suas crenças talvez não precisem ser totalmente descartadas, mas simplesmente alteradas ou modificadas para refletir os fatos, isto é, a verdade sobre você e sobre a outra pessoa, e as opções reais.

Como os pensamentos e sentimentos se relacionam

Uma das formas de terapia mais populares e eficientes hoje é a cognitiva. Esse tipo de terapia se baseia no fato de que nossa cognição, ou seja, aquilo que pensamos e acreditamos, pode afetar enormemente a maneira de sentirmos e agirmos. Mas a terapia cognitiva não é uma forma de controle da mente ou racionalização. Seu objetivo não é fazer com que você "transmute em pensamento" seus sentimentos. Não seria eficiente, por exemplo, usar a terapia cognitiva para evitar a dor pela morte de uma pessoa amada. Ela pode ajudar a ver essa perda de maneira realista, mas jamais poderá apagar a dor por uma grande perda.

A terapia cognitiva não pode, da mesma forma, eliminar a ansiedade e o medo que você sente em determinadas situações. Entretanto, ao enxergar a situação de maneira objetiva e realista, você pode reduzir ou eliminar medos que estejam enraizados no passado, e não na realidade presente nem em convicções falsas e limitadoras que diminuem seu leque de opções. Quando nossas convicções são objetivas, agimos com eficiência. Mas se nossas convicções são equivocadas, incompletas, inflexíveis ou de algum modo inadequadas para a situação que se apresenta, podemos sofrer desnecessariamente.

Pôr à prova convicções não verdadeiras

Algumas das convicções que tem a seu respeito podem ser objetivas e realistas, outras não. Há pessoas, por exemplo, que sofrem com a idéia pouco realista de que são impotentes, sem valor, inábeis, impossíveis de amar, fracas ou incapazes de se defender ou de cuidar de si mesmas. Caso você pense assim, essas convicções precisam ser eliminadas. Veja os exemplos:

Convicção: "Sou impotente".

Resposta: A menos que se encontre refém de uma situação traumática, você nunca é *totalmente* impotente. Sempre há *alguma coisa* que pode fazer para melhorar a situação, mesmo que seja apenas respirar profundamente, visualizar seu local seguro ou tomar um gole d'água.

Convicção: "Não tenho valor ou não mereço amor".

Resposta: Se sentisse que é *totalmente* sem valor ou não merecedor de amor, você não teria comprado este livro. Mesmo que sofra de baixa auto-estima, alguma pequena parte de sua mente acredita que vale alguma coisa, ou não teria investido energia na leitura deste livro nem na realização dos exercícios.

Suponhamos que você acredite realmente que ninguém pode amá-lo, e que esse seja um sentimento profundo. Ele não poderá ser facilmente eliminado, não importa quem tente convencê-lo do contrário. O fato, porém, de investir tempo na investigação de seu medo de engolfamento para ter uma vida melhor mostra que pelo menos uma pessoa — você (ou uma parte de você) — se importa. Essa parte que o ama talvez ainda precise crescer, mas a base para o desenvolvimento de um amor-próprio saudável, o desejo de sentir-se digno de si mesmo, já se encontra presente. Se ela não existisse, você não estaria lendo este parágrafo.

(Atenção: sentimentos persistentes de nulidade são sintoma de depressão clínica. Consulte um profissional de saúde mental caso seus sentimentos de baixa estima sejam recorrentes e o estejam imobilizando. Se você sofre de depressão clínica, talvez precise de medicação ou de outros recursos para combatê-la.)

Convicção: "Não sou suficientemente forte ou capaz para me expressar ou para cuidar de minhas necessidades".

Resposta: Se você se sente fraco ou inseguro quanto à capacidade de cuidar de si mesmo ou de se auto-afirmar, é possível que precise fortalecer essas áreas. Mas pensar que é *totalmente* incapaz de cuidar de si mesmo ou que *nunca* poderá aprender a proteger, afirmar ou sustentar a si mesmo não é exato. Você comprou este livro como um passo em direção a seu fortalecimento e talvez já tenha feito outros esforços para melhorar. Você também pode se ajudar procurando terapia individual ou em grupo ou inscrevendo-se em um programa de recuperação ou auto-ajuda.

Mesmo que se considere "fraco" por ter problemas como claustrofobia emocional, reconhecer que tem esse problema e desejar agir para lidar com ele de maneira saudável são sinais de força. É preciso força — e coragem — para ser honesto consigo mesmo, para assumir a responsabilidade pelos próprios pensamentos e comportamento e para abrir-se à possibilidade de mudança. Olhe em torno. Quantas pessoas você conhece que estejam dispostas a enfrentar a dor da auto-análise e trabalhar para conhecer as melhores formas de lidar com determinadas situações?

A idéia de ser fraco ou incompetente é falsa a menos que você seja ineficiente em *todas* as áreas *o tempo todo*. É praticamente impossível ser incompetente em *todas* as dimensões da vida *em cada momento* da vida. Ter orgulho de suas competências, ou pelo menos reconhecê-las (como amar seu animal de estimação, dirigir carro, ter coragem de ler este livro), pode ajudá-lo a iniciar a tarefa de lidar com seu sentimento de baixa auto-estima.

Ler este livro e pensar em sua dificuldade com a claustrofobia emocional exige disciplina, compromisso e concentração, bem como capacidade de enxergar claramente a si mesmo e aos outros, pensar analítica e criativamente e aprender novas habilidades. Dificilmente essas são características de uma pessoa "fraca": são, sim, características de pessoas com alto potencial para ser inovadoras e eficazes.

É preciso ter considerável inteligência para enfrentar a claustrofobia emocional, ser eficiente em situações que o sufocam e tentar resolver problemas de relacionamento com pessoas de que você tem medo por acreditar que sejam capazes de asfixiá-lo. Lidar com as muitas lutas interiores envolvidas no enfrentamento da claustrofobia emocional e com as instâncias compreendidas na negociação dos relacionamentos pode ser tão complexo e delicado quanto o funcionamento interno de um computador.

Até certo ponto não somos responsáveis pelas convicções que temos sobre nós mesmos, os outros e o mundo. Recebemos essas idéias de nossa família de origem, de nossos professores e amigos, nossos patrões e colegas de trabalho, da mídia e de outras influências importantes em nossa vida. Essas convicções não estão necessariamente erradas ou equivocadas, mas não são automaticamente certas ou úteis só porque alguém que amamos e respeitamos, ou alguém ou algo com poder sobre nós, as transmitiu.

Em seu livro *Prisoners of belief*, Matthew McKay e Patrick Fanning (1991) ensinam os leitores a identificar e examinar criticamente algumas convicções profundas que moldam sua vida. McKay e Fanning observam que as convicções profundas costumam estar centradas em dez temas: valores, segurança, desempenho, controle, amor, autonomia, justiça, sensação de pertencer, confiança nos outros e padrões. As convicções profundas a respeito de seu valor (quanto você acha que vale), competência (quão competente você acha que é), amor (quanto amor você sente que merece) e autonomia (quanto se sente independente e quanto acredita ser capaz de cuidar de si mesmo) podem se destacar ao começar a examinar as convicções que o dominam quando experimenta o medo de engolfamento.

Um aconselhamento para avaliar a imagem que você tem de si mesmo e suas convicções profundas em relação a seu valor e à capacidade de receber amor está além da abrangência deste livro.

Identificação de suas convicções derrotistas

Sua primeira tarefa é fazer uma lista das convicções que tinha durante cada um dos incidentes relatados no capítulo 3. Em nova folha de seu diário, com o título de "Minhas convicções", trace uma linha vertical, dividindo-a ao meio. Escreva na primeira coluna "Minhas convicções" e na segunda "Avaliação". Na primeira coluna, relacione as convicções que o dominavam em cada um dos incidentes. Deve usar uma folha para cada incidente.

Suas convicções são fundamentais em todos os aspectos de sua existência. Mas se você for como a maioria, talvez não conheça as convicções que exercem tanto controle sobre sua vida. Muitas pessoas agem automaticamente, seguindo a trilha traçada por suas convicções, como se fossem puxadas por fios invisíveis. O objetivo deste exercício é tornar esses fios visíveis. Quanto mais você refletir e escrever a respeito das idéias que permeiam sua experiência durante o medo de engolfamento, mais consciência terá dessas convicções e maior será a probabilidade de que continue a descobrir outras. Assim poderá identificar idéias que limitam suas opções ou que não são relevantes para a situação.

O que diz seu corpo?

Uma forma de descobrir convicções adicionais é analisar as partes do corpo que costumam reagir fortemente ao medo de engolfamento. Se elas pudessem falar, o que diriam?

Essa pergunta não tem a intenção de sugerir que sua mente esteja criando seu desconforto físico, ou seja, que sua dor física ou outros sintomas estejam "todos na sua cabeça". Seu desconforto físico é real, e a força do pensamento não é suficiente para fazê-lo desaparecer. Mas usar sua imaginação para encarar esses sintomas físicos como possíveis expressões de dor emocional pode ser útil para entrar em contato com seus pensamentos e sentimentos.

A náusea, por exemplo é uma reação comum à ansiedade e ao estresse, mas se você fica com enjôo quando está ansioso isso não significa que tenha escolhido ou desejado esse problema. Quando você sofre de estresse devido ao medo, seu sangue é canalizado dos órgãos internos para os músculos dos braços e das pernas. A mudança do fluxo sangüíneo, que contribui para a sensação de náusea, é uma resposta fisiológica automática cujo objetivo é prepará-lo para a mobilidade necessária para fugir, lutar ou executar alguma outra ação necessária à sobrevivência. Em condições de perigo (ou possibilidade de perigo), é mais importante ser capaz de correr rapidamente do que digerir a comida.

Mesmo que a náusea seja basicamente uma resposta fisiológica involuntária ao medo, e não uma reação escolhida por você, ainda é possível aprender algo a respeito perguntando-se: "Se meu estômago pudesse falar, o que diria?" O objetivo desse tipo de questionamento é ajudá-lo a conhecer melhor suas emoções e convicções, e não fazer com que se sinta responsável ou culpado por seus problemas físicos.

Leonard sentia medo de engolfamento e náusea durante sua avaliação anual de desempenho profissional. As avaliações costumam deixar muitas pessoas nervosas, mas a ansiedade de Leonard chegava a ponto de fazer com que se sentisse sufocado. A intensidade dessa reação tinha raízes em sua experiência militar: ele foi mandado para a frente de combate devido a uma avaliação negativa.

Quando se perguntou o que seu estômago diria se pudesse falar, Leonard escreveu:

"Tenho medo de morrer ou de ser demitido se não satisfizer as expectativas. Estou fazendo o melhor trabalho que posso, mas ainda é insatisfatório. Estou desamparado. Não posso fazer nada para melhorar meu desempenho ou para evitar que esse homem tome decisões que podem me matar. Tenho vontade de vomitar, pois não suporto a idéia de morrer. Estou com raiva também: não é culpa minha se não sou um super-homem. Ninguém é perfeito, mas quanta gente é mandada para a zona de guerra por receber um B+ em vez de um A- em um exercício prático?"

Quando ouviu seu estômago "falar", Leonard reconheceu três convicções: (1) "Se não obtiver boa nota, sou incompetente e sem valor""; (2) "A causa de minha ansiedade são meus próprios defeitos. Se eu for demitido, será por minha inépcia"; e (3) "Não adianta tentar, pois é preciso ser perfeito, ou quase perfeito, para ter sucesso". Ele percebeu também que suas convicções não eram totalmente verdadeiras e que estava misturando a situação presente, que não constituía ameaça à sua vida, com a experiência militar, cujo perigo era real.

A guerra interior

Outra maneira útil de identificar convicções é admitir a existência de uma "guerra interior", ou seja, que tenha duas convicções opostas ou que esteja dividido entre dois compromissos ou ligações emocionais importantes. A claustrofobia emocional com freqüência surge de um conflito entre dois ou mais desejos ou valores poderosos. Quando parece, ou realmente é, impossível escolher, isso pode levar à ansiedade grave, principalmente quando tal decisão é, ou parece ser, necessária.

A história de Roberto

Roberto, um engenheiro, sentiu-se sufocado quando recebeu uma proposta profissional de ouro. O emprego oferecia o desafio e o salário pelos quais ele vinha lutando havia anos. Mas aceitá-lo significava viver no exterior por pelo menos seis meses, talvez mais. Disseram-lhe que todos os funcionários de alto escalão tinham de "cumprir uma temporada na fronteira" e que se aceitasse esse posto nunca mais lhe pediriam que deixasse novamente a família. A renda adicional ajudaria a pagar a fisioterapia do filho e a faculdade da esposa. Por outro lado, Roberto temia a longa separação e a privação emocional e sexual que ela significaria.

A princípio, ele tentou analisar a proposta de forma lógica, fazendo uma lista de prós e contras. Mas o simples ato de pegar um lápis para começar a listagem despertou uma sensação de asfixia tão forte que teve de desistir. Quando tentou conversar com a esposa sobre o assunto, sentiu-se tão asfixiado que precisou mudar de assunto. Em desespero, telefonou para um terapeuta, mas cancelou a primeira consulta. O dilema de Roberto ilustra que a claustrofobia emocional pode surgir não apenas quando deparamos com opções que são todas indesejáveis, mas também quando se tem opções relativamente positivas, todas são vantajosas e nenhuma é ruim.

Ele finalmente consultou um terapeuta, mas a sensação de asfixia tornava difícil analisar a situação de forma lógica. "Nada nem ninguém pode ajudar", suspirava.

O terapeuta respondeu: "A verdade é que você não consegue lidar com a decisão neste momento por estar com medo excessivo de ser sufocado por ela. Mas talvez possamos olhar para o que acontece em sua mente e seu coração quando se sente tão angustiado. Você gostaria de tentar? Talvez possamos começar dando uma olhada em suas convicções. Por exemplo, você acaba de declarar uma delas: a situação é desesperadora e ninguém pode ajudá-lo. Será que consegue pensar em algo que acredite neste momento?"

Roberto conseguiu identificar as seguintes convicções:

Se eu recusar o cargo no exterior (1) serei um mau pai e um mau marido, pois estarei negando à minha família o dinheiro que melhoraria a vida deles; (2) serei um mau funcionário, por não cumprir meu dever para com a empresa; e (3) serei um covarde por ceder às pressões da família para ficar com ela em vez de fazer o que é, profissionalmente, o melhor para mim.

Mas ele acreditava também que:

Se aceitar a missão no exterior, (1) serei um mau pai e um mau marido por abandonar a família durante vários meses; (2) serei um covarde por não resistir às pressões da empresa; e (3) serei um masoquista por me impor privações emocionais e sexuais.

O terapeuta perguntou: "Que outras convicções você tem quando se sente sufocado?"

"Quem se importa com o que penso? Você não liga para o que estou sentindo? Eu me sinto horrível! E quanto à minha culpa? Estou me sentindo com tanta culpa — e com raiva!"

"Vamos examinar isso — culpa e raiva. Que convicções a respeito de si mesmo, dos outros e da situação fazem com que se sinta tão culpado e irado?"

Roberto precisou pensar um pouco, mas finalmente respondeu:

Acredito que se não tomar uma decisão que faça todos felizes, inclusive eu mesmo, serei um fracasso. Sinto-me culpado e irado por não ser capaz de chegar a uma decisão perfeita e bem-acabada. Também sinto culpa e raiva por precisar falar com um terapeuta. Acho que devia decidir sozinho e que pedir ajuda é sinal de fraqueza. Os homens devem ser "duros" e encontrar sozinhos as respostas, sem precisar de terapeuta!

Também me sinto culpado por não ser franco com minha esposa e meu chefe, mas sinto que não posso me abrir completamente com eles porque iriam me rejeitar e ridicularizar se conhecessem meus verdadeiros sentimentos. Se contasse à minha mulher que uma parte de mim deseja assumir esse posto no exterior por ser profissionalmente desafiador, ela poderia se sentir rejeitada e magoada ou me acusar de ser egoísta e pôr minha carreira acima da família. E se conversasse com meu chefe sobre não desejar deixar a família ele poderia pensar que sou dominado por minha esposa ou que sou um "filhinho da mamãe" chorão demais para sair de ca-

sa ou que não estou suficientemente comprometido com a empresa. Ele poderia não me indicar mais para promoções e para outros projetos desafiadores.

Depois de examinar suas convicções, Roberto pôde ver que se havia colocado em um beco sem saída. A idéia de que seria um mau pai, um mau marido e um covarde qualquer que fosse a decisão que tomasse contribuía muito para que se sentisse sufocado. Ele e o terapeuta examinaram suas convicções uma a uma, avaliando sua veracidade e praticidade

Primeiro: ser um homem de verdade significa tomar sozinho decisões importantes? Quer dizer que generais e presidentes que precisam de conselheiros não são homens e que os oficiais de polícia que consultam detetives, juízes e outros membros do Judiciário para resolver um caso são fracotes estúpidos?

Segundo: não consegue realmente manter uma conversa franca com a esposa? O problema era que ela não seria capaz de compreender a razão de um projeto interessante ser atraente para ele ou que ele não conseguia expressar seu dilema? Quais eram os custos de não compartilhar seu conflito com a esposa? Haveria a possibilidade de que ela não apenas aceitasse seus sentimentos como também oferecesse ajuda?

E, mesmo que ela não os aceitasse, não seria útil saber disso e poder avaliar *quanto* ela ficaria chateada se ele assumisse o posto no exterior? Por exemplo, será que ela ficaria um pouquinho infeliz, bastante infeliz ou infeliz a ponto de ameaçar com o divórcio? Ela ficaria aborrecida, com um pouco de raiva ou furiosa? Ela podia considerar que o dinheiro extra compensava a separação?

O problema era a reação da esposa ou a convicção de que ser um bom marido significava ter de mostrar cem por cento de devoção à família cem por cento do tempo? E, caso fosse essa sua convicção, de onde teria vindo? Além disso, acreditava ter de dar tudo de si para a família e para o trabalho ao mesmo tempo? E onde teria aprendido isso?

Em terceiro lugar, parte do medo de asfixia de Roberto vinha da desconfiança de que o chefe lhe havia dado um ultimato: aceitar a missão ou pôr em risco seu cargo na empresa. A sensação de asfixia poderia ser menor se acreditasse exercer algum controle sobre a situação. Uma simples conversa com o chefe seria um ato de auto-afirmação que ajudaria a aliviar a impressão de ter recebido uma imposição, mas a convicção de que não podia argumentar com superiores impedia o caminho para o diálogo.

O terapeuta pediu a Roberto que esclarecesse essa convicção: era de fato verdade que ele não podia conversar com seus superiores a respeito da missão? O que exatamente ele temia dizer? O que *poderia* dizer ou perguntar sem deixar de se sentir seguro? Seria possível investigar seu grau de liberdade a respeito da missão no exterior sem fazer afirmações (como a de que temia sentir saudade de casa) que pudessem ser usadas contra ele no emprego? Ele poderia, por exemplo, perguntar se parte do projeto poderia ser desenvolvida em casa, se sua duração poderia ser dividida em períodos mais curtos que permitissem fazer visitas à família ou se poderia ser designado para diversos projetos curtos em vez de um longo?

"Finalmente posso respirar! Talvez eu possa conversar com minha esposa e meu chefe — um pouco", disse Roberto. Depois de conversar com a esposa, sentiu-se aliviado por não carregar mais a culpa de esconder um segredo dela. Mais que isso, a conversa lhe deu a valiosa informação de que ela se sentia tão dividida quanto ele. Roberto foi capaz também de conversar com seus empregadores a respeito das opções existentes. Embora eles não pudessem lhe oferecer alternativas, o fato de ter tomado a iniciativa de perguntar sobre a flexibilidade do esquema de trabalho lhe propiciou certa sensação de poder e controle sobre a situação, o que reduziu ainda mais seu medo de engolfamento.

A decisão foi difícil. Examinar suas convicções não tornou cristalino o que devia fazer. Mas, ao se libertar das convicções derrotistas, contraditórias e imobilizadoras (como a de que tinha de carregar o fardo sozinho e que a decisão seria sempre errada, não importando o que fizesse), ele pôde refletir com mais clareza, sem ser tomado pela sensação de asfixia. Conversar com a esposa, com os empregadores e com outras pessoas fez com que se sentisse menos isolado, menos culpado e menos encurralado e, portanto, com menos raiva, e isso praticamente eliminou a sensação de asfixia.

A história de Dora

Ao contrário de Roberto, a guerra interior de Dora tinha origens negativas. Ela notara que se sentia sufocar sempre que encontrava o ex-marido em eventos familiares ou sociais. Se pudesse escolher, jamais o veria de novo, mas havia ocasiões, como aniversários e eventos escolares, a que era obrigada a comparecer por causa dos filhos, mesmo quando isso significava ter de encontrar o ex-marido.

Por mais que tentasse evitar conversas e sentar-se perto dele ou levasse uma amiga para apoiá-la, depois de ficar uma hora no mesmo ambiente que o ex-marido, Dora era dominada pela claustrofobia emocional. Seu maior medo era perder o controle e começar a agredi-lo verbalmente ou passar a comer demais e abusar do álcool na tentativa de suportar a situação. Ela não insultava o ex-marido nem abusava da comida e da bebida, porém absorvia todo o estresse, o que lhe provocava dores nos braços e nas pernas.

Dora aparentava estar bem, mas por dentro tinha medo de se sufocar. Algumas vezes desejou xingar o ex-marido, mas desistiu ao perceber que magoaria os filhos e outros parentes, porém a ansiedade causada pela perspectiva de encontrá-lo não cedia. No futuro haveria não só outros aniversários, mas casamentos, netos e situações com as quais, para estar com os filhos, ela teria de lidar com a presença dele.

Ao tentar exprimir em palavras as convicções que tinha quando se sentia sufocada pela presença do ex-marido, só foi capaz de dizer: "A vida é terrível porque para ser uma boa mãe eu tenho de suportar vê-lo de novo". Fazendo um pouco mais de esforço, percebeu que acreditava que "o universo deve me odiar para me atormentar tanto assim, e a razão do meu transtorno é que não valho nada e estou destinada a uma vida de sofrimento, porque no fundo do meu coração eu não perdoei o meu ex pelos erros que ele cometeu".

O terapeuta de Dora pediu-lhe então que analisasse a possível existência de uma "guerra interior" — um confronto entre duas grandes forças emocionais. Ela descobriu que sua "guerra interior" se dava entre o amor e a lealdade aos filhos e a profunda raiva do ex-marido devido aos maus-tratos e às traições que sofrera. Também sentia raiva dos filhos por não compreenderem sua posição e por não estarem dispostos a programar os eventos de forma que ela e o ex-marido não precisassem se encontrar. Algumas vezes as crianças conseguiam colaborar com ela organizando, por exemplo, dois jantares de Ação de Graças, um com o pai e outro com a mãe. Mas outras ocasiões, como formaturas, cerimônias religiosas e casamentos, não poderiam ser duplicadas para atender às necessidades de Dora.

Ao examinar sua "guerra interior", Dora percebeu que também tinha raiva de si mesma por não ser capaz de perdoar e ser mais tolerante, como gostaria e como faziam as outras pessoas e como desejavam seus filhos e seus pais. Ela também tinha raiva dos filhos por não rejeitarem totalmente o pai, como ela fazia. Gostaria que as crianças se distanciassem dele e ficassem apenas com ela. Sabia, entretanto, que isso não era apenas emocionalmente impossível para eles, mas também que não era desejável. Será que realmente desejava que os filhos não se relacionassem com o pai e sentissem a amargura e o ressentimento que ela sentia?

Dora pôde identificar também quatro convicções básicas: (1) "Sou uma mãe má porque desejo que meus filhos sintam ressentimento e desagrado pelo pai como eu e me vinguem rejeitando-o como eu faço". (2) "Tratando meu ex-marido educadamente em público, admito para meus filhos e para o mundo que ele estava certo e eu errada." (3) "Sou uma pessoa má porque não consigo perdoá-lo cem por cento, como todos esperam." (4) "Mereço passar maus momentos e sofrer claustrofobia emocional nessas ocasiões por ter pensamentos e sentimentos negativos em relação a meu ex-marido."

Como resultado da análise de suas convicções, Dora percebeu que não era uma mãe má nem uma pessoa com defeitos morais por ainda ter sentimentos negativos em relação ao ex-marido. Percebeu também que o desejo de que seus filhos rejeitassem o pai tanto quanto ela estava longe de ser uma manipulação real e que comportar-se adequadamente nas reuniões familiares não era uma admissão de que ele estava "certo", e sim uma tentativa de ajudar no desenvolvimento dos filhos.

Ela foi capaz de diminuir ainda mais sua claustrofobia emocional ao compreender que sua raiva tinha muitos níveis: ela não sentia raiva só do ex-marido pelos maus-tratos passados, mas também das pessoas que esperavam que fosse uma santa que tudo perdoava e dos filhos, por não ficarem do lado dela e contra o pai. Ela tinha raiva também de si mesma por ter pensamentos egoístas e hostis, por exigir ser um modelo de perfeição e por ainda despender parte de sua energia emocional num relacionamento do passado. Depois de descobrir a complexidade de suas reações emocionais, Dora sentiu-se mais capacitada a administrar os eventos familiares e não permitir que as dores e os ressentimentos do passado roubassem dela os prazeres do presente.

Quais de suas convicções são derrotistas?

Tenha à frente sua lista de convicções feita para cada um dos três incidentes com os quais está trabalhando. Agora avalie-as fazendo para cada uma as seguintes perguntas (escreva a avaliação de cada convicção na segunda coluna, a de "Avaliação"):

1. Essa convicção é verdadeira?

    Fique em guarda contra as convicções *tudo ou nada* e *vida e morte*. A menos que se encontre em perigo imediato, elas provavelmente não são verdadeiras. Da mesma forma, qualquer convicção de que você ou alguém poderá morrer em conseqüência do que fizer ou disser provavelmente não é verdadeira, a não ser que se encontre em uma situação de reconhecido risco de vida, como violência familiar, guerra ou ataque criminoso.

    Convicções como "isso vai matar meu ____ se eu não ____" ou "não há nada que eu possa fazer a respeito" não são verdadeiras. A menos que exista uma relação causal direta entre seu comportamento e o ferimento ou a morte do outro, nada que fizer vai realmente matar alguém. É igualmente improvável que não exista *nada* que você possa fazer para ajudar a si mesmo ou melhorar uma situação, a não ser que esteja prisioneiro ou seja muito jovem.

As exceções são as situações que envolvem crianças e pessoas com doenças físicas ou mentais. Em casos assim, expressar abertamente seus sentimentos talvez não "mate" a pessoa, mas pode ser gravemente prejudicial, dependendo das circunstâncias. É preciso ter sensibilidade para lidar com pessoas gravemente doentes cuja condição possa ser comprometida por choque emocional ou estresse. Caso seu medo de engolfamento envolva alguém psicologicamente ou fisicamente frágil ou vulnerável, é recomendável que converse com o médico dessa pessoa e discuta seu plano de ação com um profissional de saúde mental qualificado.

Esteja também atento contra as convicções de que você não vale nada, é incompetente, não pode ser amado, não tem méritos ou é inerentemente inferior. Isso não é verdade, e essas convicções são extremamente derrotistas e limitadoras. A convicção de Roberto, por exemplo, de ser um covarde e um fracasso independentemente de sua decisão era irreal e contraproducente.

2. Essa convicção ajuda a pensar em maneiras afetuosas e criativas de administrar a situação ou o imobiliza, o deixa furioso e deprimido e faz com que deseje se isolar dos outros?
3. Essa convicção lhe impõe limites? Quais?
4. Pense em alguém com quem se importe (filho, sobrinho, um bom amigo) ou que admire (o líder de sua comunidade ou escola). Imagine tal pessoa com essa mesma convicção. Você gostaria que ela acreditasse nisso? Essa idéia ajudaria ou limitaria essa pessoa? Seria uma convicção correta para ela? Em caso negativo, por que não? Se não é verdadeira para tal indivíduo, por que seria verdadeira para você?

Convicções desejáveis

Em nova folha de seu diário (uma para cada situação), intitulada "Convicções desejadas", trace uma linha vertical no meio da página. Dê à coluna da esquerda o título "Aquilo em que acredito" e à da direita o título "Convicções desejadas". Escreva na coluna da esquerda todas as convicções que identificou e decidiu ser falsas e limitadoras.

Para cada uma das convicções, pergunte "o que quero acreditar?" ou "em que gostaria de acreditar?". Escreva na segunda coluna a convicção desejada.

Roberto, por exemplo, escreveu na coluna "Aquilo em que acredito": "Qualquer decisão que eu tome em relação ao trabalho estará errada porque estarei traindo alguém ou algo que me é caro" e "Se meu chefe ou minha esposa ficarem infelizes com minha decisão, é porque sou uma pessoa má e inadequada". Em "Convicções desejadas" ele escreveu: "Sou um homem profundamente leal à família, ao trabalho e a si mesmo".

Nick realizou esse exercício a propósito do medo de engolfamento que surgia sempre que sua namorada falava de pequenas tarefas que ele prometera fazer para ela e esquecera. O trecho abaixo foi retirado de sua lista de "Convicções desejadas":

Convicções desejadas por Nick

Em que acredito	Convicções desejadas
Esquecer de fazer alguma coisa significa ser inadequado.	Esquecer de fazer alguma coisa significa ser uma pessoa normal que às vezes se esquece.
Se eu esquecer de fazer alguma coisa minha namorada vai pensar que sou inadequado.	Minha namorada não se aborrece com pequenas coisas. Lembrar-me não a incomoda.

Ao realizar o exercício, Nick percebeu que outra de suas convicções era: "Se eu não agradar a minha namorada, ela vai gritar comigo e me abandonar". Analisando-a, ele descobriu que essa convicção era apropriada para o relacionamento com sua ex-esposa, mas não com a namorada. Ele se sentira sufocado em seu casamento por se ver encurralado entre o desejo de ser leal à família e a necessidade de terminar um relacionamento em que era financeira e emocionalmente explorado. Sua nova namorada não era como a ex-esposa e não tinha nenhum poder financeiro sobre ele. Além disso, a namorada dificilmente levantava a voz com qualquer pessoa, ao contrário da esposa, que sempre gritava com ele.

Mesmo após realizar o exercício, Nick ainda sentia um princípio de claustrofobia emocional sempre que a namorada mostrava que ele havia deixado de fazer alguma coisa. Mas, checando suas convicções, era capaz de impedir que o medo crescesse. "Em que estou acreditando agora?" perguntava-se. "Estou acreditando que se alguém notar um pequeno erro meu vai gritar comigo e me abandonar. Mas sei que isso não é mais verdade. Costumava ser, mas não é mais. Cometer enganos agora não significa mais nada daquilo e, portanto, não há do que ter medo."

2ª PARTE

Identificação de crenças derrotistas

CAPÍTULO 7

Elaboração de um plano

Neste capítulo você vai elaborar um plano para lidar com as situações de medo de engolfamento com as quais vem trabalhando. Como o capitão de um navio, você vai determinar a direção, mapear o território emocional pelo qual viajará e traçar planos para enfrentar as tempestades emocionais previsíveis e imprevisíveis que quase sempre acompanham as situações e as pessoas que fazem você sentir a claustrofobia emocional.

Por que você precisa de um plano

Tentar administrar seu medo de engolfamento é como navegar em águas desconhecidas. Talvez você tenha um destino em mente ou queira simplesmente desfrutar o passeio. Possuindo ou não um objetivo, você tem certeza de uma coisa: não quer mais que os ventos e as marés o joguem por aí e inundem seu coração de terror. Tampouco quer ficar preso em um barco que não possa dirigir ou comandar. Quer determinar o próprio rumo ou, no mínimo, sentir-se seguro na direção que escolheu.

Na vida real, os adversários não são as forças da natureza, mas suas reações emocionais a outros seres humanos e a situações difíceis. No passado, você talvez tenha sentido não ser páreo para essas pessoas poderosas ou situações perturbadoras, o que lhes dava poder sobre você. Por causa disso, provavelmente sentiu-se desamparado, sem esperança e sem nenhuma defesa.

Talvez não seja páreo para um furacão ou para mares revoltos, mas no mundo dos homens e das relações interpessoais você tem algum poder, no mínimo o poder de anunciar o que quer e precisa. A situação pode ser opressiva, as outras pessoas envolvidas também têm poder. Elas talvez tenham domínio emocional sobre você. Mas, a menos que seja um prisioneiro ou esteja em situação de risco de vida, você não é inteiramente impotente. Provavelmente tem mais poder do que pensa, só não sabe como usá-lo. Além disso, ao contrário de estar em águas revoltas, abandonado num pequeno bote, você não precisa enfrentar a tempestade sozinho. Pode pedir que outras pessoas sejam seu salva-vidas emocional: que lhe dêem apoio quando precisar, seja a seu lado, seja por telefone ou via e-mail.

Se tem a intenção de agir no mar revolto das relações humanas e situações difíceis, e está disposto a tentar diminuir (ou pelo menos administrar) o terrível medo de ser sufocado, você precisa de um plano. Como John Steinbeck escreveu em seu romance *A pérola*, "um plano é uma coisa real". E ele deve incluir um "mapa" e provisões de emergência para o caso de você pegar o caminho errado ou para quando as forças inimigas o dominarem temporariamente.

É possível planejar cuidadosamente cada detalhe, tentando evitar as áreas reconhecidamente perigosas, como os redemoinhos e as águas infestadas por tubarões. No entanto, é também necessário prevenir-se contra o inesperado e preparar-se o melhor possível.

Você deve também se preparar para aqueles momentos, e podem existir muitos, em que desejará desistir da viagem e simplesmente fazer meia-volta, retornando ao ponto onde começou. A mudança, ou mesmo a possibilidade de mudança, pode ser angustiante e tão assustadora quanto o medo de ser sufocado. Haverá momentos em que a perspectiva de livrar-se do sentimento de asfixia não parecerá libertadora e excitante, mas perigosa.

Ao contrário do medo de engolfamento, com o qual você já está familiarizado, o que está por vir ainda precisa ser definido. Você não sabe como seus relacionamentos, sua identidade ou as situações de sua vida poderão se desdobrar quando estiver livre do sentimento de asfixia. Anita, que já havia feito grande progresso em direção à superação de seu medo de engolfamento, descobriu que em vários momentos "era assustador ser tão livre. Eu me perguntava se não era preferível me sentir sufocada e oprimida a ter todas aquelas novas opções".

De onde tirar coragem para deixar o que era seguro, o velho medo de engolfamento, e abrir-se para novas possibilidades? Talvez você encontre inspiração em Joseph Campbell, que em *O poder do mito* (1988) disse serem os verdadeiros heróis e heroínas pessoas que precisam deixar a terra natal e embarcar para território desconhecido. Eles freqüentemente têm de enfrentar inimigos, inclusive homens, animais, monstros, seres sobrenaturais e os próprios limites como seres humanos, mas possuem um objetivo, uma missão, alguma coisa preciosa que estão tentando encontrar ou salvar, e por esse objetivo estão dispostos a suportar as dificuldades e a enfrentar qualquer batalha que precise ser travada.

Se você busca superar parte de sua claustrofobia emocional, também é um herói ou heroína. A entidade preciosa que tenta encontrar ou salvar é a sensação de ter algum controle sobre sua vida, bem como a liberdade de interagir ou de se envolver no maior número possível de situações sem ser dominado pelo medo de se sentir sufocado.

No fim das lendas, heróis e heroínas sempre voltam das aventuras com um troféu — algum tipo de tesouro, seja maior riqueza ou sabedoria, seja algo de significado espiritual. Se você seguir o exemplo dos heróis e das heroínas e não abandonar sua missão mesmo que se sinta tentado a desistir, um dia voltará para casa e trará um troféu também.

Na pior das hipóteses, terá mais de si para dar aos outros e às várias situações. A energia que era absorvida pelo sentimento de engolfamento e pela possibilidade de ser sufocado, ou para recuperar-se da sensação de asfixia e planejar como suportar pessoas e situações que o faziam sentir-se esmagado, estará disponível para outros propósitos e para ser partilhada com as pessoas e atividades que valoriza.

Se você fez até aqui os exercícios escritos, já tem o seu mapa do território emocional. (Na verdade, tem três mapas, um para cada situação emocionalmente claustrofóbica com que trabalhou.) Esses mapas descrevem as situações e as pessoas envolvidas e a forma como você interage com elas, e também seus pensamentos, sentimentos e convicções. Mas ainda estão incompletos.

Faltam ainda as indicações de destino, do lugar para onde deseja ir. Você precisa também de mais equipamento. Caso tenha praticado alguns dos exercícios de relaxamento do capítulo 5, já tem algumas ferramentas importantes. Se realizou os exercícios do capítulo 6, dispõe de novas convicções, mais desejáveis, que podem ajudá-lo a ser mais eloqüente e afirmativo em situações em que costumava ficar em silêncio ou paralisado.

Ter esperanças realistas

Toda mudança é difícil, mesmo a desejada. Aprender novas formas de reagir e pensar também é difícil e exige tempo e prática. Não espere se transformar totalmente apenas por ter lido este livro e feito os exercícios. E não fique surpreso se as velhas convicções derrotistas não desaparecerem apesar de seus esforços. Lembre-se de que você levou décadas acreditando que recusar os pedidos dos parentes era sinal de deslealdade à família e que essa idéia é compartilhada pela maioria das pessoas que o educaram e são emocionalmente importantes para você. Nessas circunstâncias, seria realista esperar que tal convicção se desmanchasse no ar ou fosse facilmente substituída pela nova e mais desejável convicção de que não há nada de errado em recusar alguns dos pedidos de sua família?

Velhas crenças dificilmente morrem. Mas agora, como resultado de seu esforço, tem à sua disposição novas convicções e estará cada vez mais capacitado para agir de acordo com elas, e não com as velhas idéias derrotistas, se assim decidir.

Do mesmo modo, não se tornará uma pessoa totalmente calma só pelo fato de praticar os exercícios de respiração, de relaxamento muscular e outras técnicas tranqüilizantes. Se sofre do medo de engolfamento, talvez nunca esteja cem por cento sereno, calmo e controlado em situações que suscitam esse medo. Parte de você sempre sentirá medo, ansiedade, insegurança ou infelicidade na presença de certas pessoas ou em determinadas situações. Manter-se calmo em uma situação saturada de lembranças emocionalmente asfixiantes seria difícil para qualquer um! O objetivo não é ficar totalmente sereno, mas ser capaz de diminuir a ansiedade e a tensão o suficiente para interromper o círculo vicioso em que o medo de ser sufocado gera um sentimento de asfixia ainda maior.

Como traçar um plano

A elaboração de um plano tem diversas etapas. Neste capítulo, você vai ampliar as informações que já tem a respeito de sua claustrofobia emocional e traçar um plano consistente para administrar o medo de engolfamento que sente no presente. O primeiro passo é visualizar as três situações de medo de engolfamento com as quais vem trabalhando; o segundo, determinar seus objetivos para cada situação; o terceiro, identificar os pontos cruciais de decisão, os momentos em que teve alternativas reais. Você vai então precisar desenvolver e fortalecer um conjunto de recursos intelectuais baseado em convicções que sejam funcionais, em lugar das que são derrotistas e imobilizadoras. Precisará também dominar algumas habilidades comunicativas, como as mensagens do "eu".

Uma vez concluído esse trabalho de base, tente visualizar novamente a situação problemática — só que desta vez você vai imaginar um final ideal, em vez do final costumeiro, que inclui o medo de engolfamento. Também é importante ter um plano de emergência, um conjunto de ações que possam minimizar seu medo de engolfamento caso sua estratégia principal não se desenrole como imaginou.

Os exercícios a seguir vão ajudá-lo a traçar um plano para lidar com os três exemplos de medo de engolfamento com os quais vem trabalhando tão diligentemente. Faça um exercício para cada uma das situações, separadamente.

Exercício de visualização

Escolha um local tranqüilo e confortável para sentar-se e dedique três ou quatro minutos a acalmar-se usando qualquer método relaxante que funcione bem com você. Percorra seu corpo verificando se há tensão em músculos específicos. Relaxe esses músculos o melhor que puder. Então abra seu diário na seção que descreve a situação ou a pessoa que geralmente lhe causa claustrofobia emocional. Traga à mente a imagem da pessoa, da situação ou do incidente.

Visualize a cena o mais vívida possível, com todas as cores, sons e cheiros que conseguir lembrar. Reveja então o incidente como se estivesse assistindo a um filme na tela pequena da TV ou passando de trem pelo local. Você ainda poderá ver tudo claramente, mas estará menos influenciado pelo medo ou pela emoção dolorosa que foram parte da experiência.

Outra maneira de visualizar o acontecimento é formar uma imagem mental e emoldurá-la. Inclua o maior número de detalhes sensoriais que puder lembrar e depois reduza o quadro até poder enxergá-lo em suas mãos ou pendurado na parede.

Se encontrar dificuldades na realização do exercício, tente visualizar a situação com outra pessoa em seu lugar. Deve ser alguém por quem tenha afeto e queira proteger, e não uma pessoa que desrespeite ou de quem não goste.

Depois de ter visualizado a experiência, escreva-a em nova página de seu diário sob o título "Experiência de visualização — situação nº 1".

Quando terminar a visualização das outras duas experiências com as quais vem trabalhando, escreva a seu respeito em páginas do diário que serão chamadas de "Experiência de visualização — situação nº 2" e "Experiência de visualização — situação nº 3".

Annette visualizou o seguinte:

> Volto para casa no fim de semana do 4 de Julho e, em menos de quinze minutos lá, mamãe me convida para nadar.
> Estou furiosa! Minha mãe sabe que fiz terapia para tratar do relacionamento simbiótico que costumávamos ter. Disse a ela uma dúzia de ve-

zes que não posso fazer coisas que me recordem a forte ligação com ela, como nadar, quando ela me contava todos os seus segredos e dizia quanto eu era especial e como ela não poderia viver sem mim etc., etc. A última coisa que quero neste mundo é nadar com ela. Mas não quero fazer uma cena, com o resto da família em volta. Então digo que estou cansada.

Ela insiste: "Por que você não quer ir? Nós costumávamos ir juntas a toda hora, quando você era uma menininha. Se estiver cansada, não precisa nadar. Venha só para me fazer companhia".

Olho para ela, esperando que meus olhos não mostrem minha raiva. Tenho medo de falar e acabar dizendo alguma coisa horrível. Ela vem em minha direção como se quisesse acariciar minha mão, e sinto que estou sendo sufocada, que vou me juntar a ela. Fico emocionalmente travada. Posso mover meu corpo, mas meus sentimentos estão congelados.

Mamãe continua insistindo que eu vá nadar com ela, e ajo cada vez mais como um robô. Quando tento falar, começo a me sentir asfixiada de novo e só consigo emitir um grunhido.

Estou desesperada para achar uma saída. Só consigo pensar em prometer que vou nadar com ela no dia seguinte. Mas ela não cai nessa. Começa a chorar e a dizer que eu não a amo mais. Meu pai me olha como se eu fosse uma bruxa.

Sei quando estou vencida e, portanto, concordo em ir nadar. No carro, a caminho do lago, minha mãe conversa como se tudo estivesse muito bem, mas eu me sinto absolutamente sufocada. Como se não fosse humana. Nem mesmo a água fria faz com que me sinta viva. Quando ela tenta conversar, eu a ignoro, com medo de que, se começar a falar, diga quanto odeio a infindável necessidade que ela tem de mim e que se não me deixar em paz nunca mais volto a visitá-la. Bem no fundo eu me pergunto por que me torturo na tentativa de ter qualquer relacionamento com ela, mas a idéia de chutar minha mãe para fora de minha vida parece terrível e moralmente inaceitável.

Quanto mais ela fala, mais eu tento evitá-la, respondendo com monossílabos como "sim", "não", "legal" ou "não sei". Nessa altura, acho que estou morrendo, mas continuo desempenhando meu papel. Mamãe pergunta o que há de errado e eu digo que acho que estou pegando uma gripe. Ela fica toda preocupada. Saímos do lago e voltamos para casa.

Identificação dos objetivos

Revise a visualização de sua experiência e pergunte-se: "Qual era meu objetivo nessa situação? O que estava tentando conseguir? O que eu queria?" Escreva algumas frases a esse respeito. Estabeleça esses objetivos em termos de seu comportamento e ação, e não das ações e sentimentos dos outros.

Suponha, por exemplo, que Annette escreva: "Meu objetivo é que minha mãe se desculpe por todo o mal que me fez" ou "Meu objetivo é que minha mãe (ou outros membros da família) compreenda por que preciso impor limites em meu relacionamento com ela". Esses desejos podem ser legítimos, mas Annette não pode controlar a mãe ou a família. Ela só pode controlar as próprias ações. Deve, portanto, estabelecer seus objetivos em termos do que vai ou não vai fazer.

Repensando seus objetivos a partir dessa perspectiva, Annette escreveu:

> *Quero conversar com minha mãe, mas não em situações como a de nadarmos juntas nem a respeito de assuntos como esportes, que me lembram nosso envolvimento excessivo no passado. Meu objetivo é não aceitar automaticamente tudo o que minha mãe quer, o que sempre fiz. Quero pensar no que é certo e bom para mim, não só para ela. Se minha mãe quiser nadar e eu não, vou recusar o convite e não vou ser coagida a aceitá-lo. Se ela quiser conversar sobre assuntos que são problemáticos para mim, direi que não quero falar a respeito naquele momento, sugerindo temas que eu deseje discutir.*

Identificação de momentos críticos de decisão

Reflita novamente sobre sua visualização e leia o registro que fez em seu diário a respeito da experiência. Ao repassar o que aconteceu, fique atento a situações em que você (ou o substituto que pôs em seu lugar) sentiu que tinha uma escolha ou empreendeu uma ação baseado numa escolha. Em nova página de seu diário, intitulada "Momentos de decisão", responda às seguintes perguntas (para cada situação):

Que escolhas eram possíveis? Tinha consciência dessas alternativas durante o incidente? De que escolhas estava ciente na época e de quais ficou ciente após ter feito esses exercícios?

Olhando para trás, você gostaria de ter agido de forma diferente? Como? Que escolhas teria feito, entre as possíveis naquele momento, se dispusesse de suas novas convicções desejadas, em vez das velhas convicções?

Escreva, para cada situação, cinco ou seis frases a respeito de como gostaria de ter administrado aquela situação, prestando atenção especial nas atitudes que poderia ter tomado (ou não) nos momentos críticos de decisão.

Entre as opções de que tinha consciência na época, sobre quais você teve influência? Como se sentiu quando decidiu influir sobre essas escolhas? Que convicções ou pensamentos você tinha quando tomou a decisão de agir? (Para ajudá-lo a responder a esta questão, consulte os registros de seu diário a respeito de suas convicções, no capítulo 6.)

Entre as ações possíveis que via na época, quais você decidiu *não* empreender? Quais eram seus pensamentos quando decidiu *não* escolher tais opções?

Houve um momento durante o incidente em que você sentiu não ter *nenhuma* opção? Que convicções tinha naquele momento? Que escolhas você gostaria que tivessem sido possíveis?

Neste ponto, verifique se ainda está relaxado. Se for necessário, faça um exercício de relaxamento ou respiratório.

Alguns momentos críticos de decisão que Annette identificou foram:

1. "Poderia ter me recusado a nadar desde o começo apenas dizendo não repetidamente ou usando uma desculpa mais dramática, como dizer que estava com uma erupção e que não podia me molhar".

2. "Em vez de discutir o assunto na frente da família, que me pressiona para que seja "uma boa menina", poderia ter pedido para falar com minha mãe a sós. Ficar sozinha com ela me assusta, mas ficar em desvantagem numérica é ainda mais assustador."

3. "Eu poderia lembrá-la dos meus problemas psicológicos devido à nossa intimidade e também de sua concordância em respeitar meus limites quanto à natação e a outras atividades semelhantes."
4. "Poderia ter convidado outros para que fossem junto, o que diluiria o impacto da presença de minha mãe."
5. "Poderia ter interferido mais na conversa no lago, fazendo perguntas de meu interesse, em vez de deixar que minha mãe dominasse a conversa, exatamente como fez durante os anos de minha formação."
6. "Poderia ter ido com meu próprio carro ou levado dinheiro para um táxi, para poder ir embora na hora em que quisesse, ou telefonado a um amigo para que fosse me buscar."
7. "Poderia a qualquer momento ter conversado com minha mãe a respeito de alguns sentimentos meus. Isso não a faria mudar, mas eu me sentiria melhor".

Na época, Annette sentia que suas únicas opções eram acompanhar a mãe, distanciar-se dela, retraindo-se e silenciando durante a conversa, e usar a mentira para fugir.

A única opção que Annette *realmente* usou foi a mentira. Mentir lhe trazia culpa, mas ela sentiu que a culpa era um preço pequeno a pagar pela enorme sensação de alívio que experimentou ao conseguir uma maneira de fugir do medo de engolfamento alimentado pelas exigências da mãe. Assim que entrou no carro da mãe para ir ao lago, sentiu-se completamente impotente e sem escolha.

A respeito das convicções que tinha quando não exerceu seu poder de escolha, Annette enumerou as seguintes: "Não tenho permissão para discordar de minha mãe. Tenho que dizer sim para minha mãe se ela chorar ou parecer chateada. Tenho que fazer o que minha mãe quer. Só os filhos ingratos dizem aos pais que sentem raiva ou irritação só porque os pais desejam passar algum tempo com eles. Se eu discordar, minha mãe vai ficar tão magoada e ressentida que nunca mais falará comigo. Não consigo controlar minha raiva, por isso é melhor não dizer nada.

Não tenho razão para sentir raiva, minha mãe não foi tão ruim assim, apesar de nosso relacionamento simbiótico".

As convicções que gostaria de ter incluído: "Posso controlar minha raiva. Posso amar minha mãe e mesmo assim dizer não a ela. É correto discordar de minha mãe. Trabalhei duro na terapia para estabelecer limites. Não é correto que minha mãe os transgrida".

Atualização de convicções: o velho e o novo

Reveja a lista feita no capítulo 6 a respeito das convicções que tinha durante as situações de medo de engolfamento. Depois examine suas respostas ao exercício de "Momentos críticos de decisão", que acaba de fazer. Você gostaria de acrescentar alguma convicção à lista?

Releia também a lista de convicções desejadas do capítulo 6. Reveja as convicções que lhe possibilitaram empreender ações positivas nos momentos de decisão disponíveis. Alguma dessas convicções deve ser acrescentada à sua lista de "Convicções desejadas"?

Tenha essas convicções em mente ao escrever em seu diário as respostas para as seguintes perguntas: olhando para trás, você gostaria de ter agido de forma diferente? Como? Que escolhas você teria feito nos momentos de decisão se tivesse suas convicções desejadas em vez das velhas?

Escreva, para cada situação, cinco ou seis frases a respeito de como gostaria de ter administrado a situação, dando atenção especial às ações que poderia ter empreendido (ou não) durante os momentos críticos de decisão.

Recursos mentais adequados

"Mas Kino havia perdido seu velho mundo e precisava prosseguir para o novo mundo. Pois seu sonho de futuro era real e nunca seria destruído, e ele havia dito: 'Eu irei', e isso também tornava a coisa real. Determinar-se a ir e dizer que vai já é meio caminho andado", escreveu John Steinbeck em *A pérola* (1953). Kino colocou em palavras sua determinação de não permitir que lhe fossem subtraídas as coisas boas da vida. Como ele, é importante que você se determine a superar o medo de engolfamento e pronuncie as palavras que o ajudarão a alcançar esse objetivo.

Você já escreveu suas velhas convicções e as que deseja. Agora, diga todas elas em voz alta. Pronunciá-las vai fazer com que se tornem mais reais. Verá com maior clareza como algumas de suas velhas convicções eram derrotistas e psicologicamente prejudiciais. Dizer em voz alta as convicções que deseja vai ajudar também a implantá-las mais firmemente em sua memória.

Este exercício pede que você leia em voz alta (para si mesmo ou para um amigo ou terapeuta, se preferir) a lista de convicções que o impediram de empreender, em qualquer dos momentos de decisão, as ações positivas que eram de seu interesse. Qual é a sensação de declarar essas convicções em voz alta? Numa página nova do diário, sob o título "Como minhas velhas convicções me prejudicavam", escreva cinco ou seis frases a respeito dos prejuízos emocionais que aquelas convicções lhe causaram e como restringiram seu crescimento.

A segunda parte do exercício pede que leia em voz alta suas convicções *desejadas*. Qual é a sensação de declarar em voz alta essas convicções? Escreva numa página de diário, intitulada "Minhas convicções desejadas", cinco ou seis frases a respeito de como essas novas convicções podem ajudá-lo e qual é o sentimento de se permitir ter convicções que trabalham *a seu favor,* e não *contra* você.

Habilidades de comunicação

No exercício anterior, você identificou alguns de seus objetivos e avaliou suas convicções derrotistas, substituindo-as por outras de auto-estima. Logo será pedido que imagine as três situações de medo de engolfamento da maneira como gostaria que tivessem acontecido. Mas, antes de visualizar os resultados desejados, para ser eficiente você precisa conhecer e utilizar algumas habilidades de comunicação.

A necessidade das habilidades de comunicação

Leia a seção seguinte e se as sugestões forem conhecidas e você sentir que usa bem essas formas de comunicação pule esta parte e vá para o próximo capítulo. Procure ter certeza, porém, de que domina essas habilidades e é capaz de usá-las em uma situação de claustrofobia emocional. Mesmo que tenha boa habilidade de comunicação, pode valer a pena dedicar algum tempo e esforço extras à realização dos exercícios escritos desta seção, pois, sob o estresse do medo de engolfamento, sua habilidade costumeira pode ser prejudicada pela ansiedade.

Estabelecendo limites

Se determinada pessoa lhe desperta o medo de engolfamento, mas você não tem nem deseja ter um relacionamento com ela, o problema realmente não existe. Só o que precisa fazer é evitar essa pessoa e nunca se encontrar com ela novamente — caso consiga. Mas evitar o relacionamento com uma pessoa que desperta seu medo de ser sufocado pode não ser uma alternativa para você. Talvez queira relacionar-se com ela, pois se trata de alguém com quem você trabalha ou de membro da família com quem é forçado a encontrar-se. O dilema, em situações assim, é querer ou precisar manter um relacionamento positivo, produtivo ou no mínimo cordial com tal indivíduo sem se sentir encurralado. Nos relacionamentos pessoais ou íntimos, você talvez queira mais do que a simples ausência de claustrofobia emocional: talvez deseje um relacionamento maduro e autêntico com aquela pessoa em particular, mas sem a companhia do medo de engolfamento.

A solução do conflito passa por estabelecer divisas ou fronteiras entre o que vai e o que não vai fazer nesse relacionamento. Isso exige que conheça sua vontade, suas necessidades e seus limites. Mas não é suficiente que *você* conheça essas necessidades e limites. É necessário ser capaz de comunicá-los à outra pessoa envolvida de maneira que haja respeito tanto por você quanto pelo outro. Para isso, é preciso adquirir e praticar certas habilidades de comunicação. Insistir em manter os limites de forma hostil, abusiva ou acusatória talvez garanta o espaço de que você precisa, mas pode também fazer com que perca esse relacionamento.

Suponha que esteja tentando estabelecer limites com membros da família, amigos íntimos ou outra pessoa especial. Se sua forma de comunicação for o ataque pessoal ou difamatório, o interlocutor pode retaliar ou desabar em lágrimas, tristeza ou dor. Nesse momento, você talvez se sinta lamentavelmente tentado a levantar barreiras.

A sogra de Marie, por exemplo, estava sempre insistindo para que ela provasse seus biscoitos. Marie não queria os biscoitos. Em certa ocasião a sogra colocou os biscoitos em seu prato, e ela reagiu: "Tire essas coisas de gosto horrível do meu prato. E pare de interferir no que eu como! Logo vai se intrometer no meu casamento? Se não parar de ser tão intrometida, não vou mais permitir que visite seus netos!"

Marie estava seguindo a sugestão dada por outras pessoas para que fosse "totalmente aberta" em sua raiva. Lutar e expressar livremente a raiva são métodos que alguns terapeutas e livros de auto-ajuda recomendam. Mas a idéia de que a expressão total da raiva é sempre útil simplesmente não procede: a utilidade de uma demonstração tão aberta depende do objetivo do indivíduo.

Se o objetivo de Marie fosse simplesmente dizer o que sentia, e ela não se importasse em ter um relacionamento amigável de longo prazo com a sogra, sua comunicação seria coerente com as intenções. Se, no entanto, desejasse estabelecer limites para garantir um relacionamento duradouro, explodir com a sogra, criticar seus biscoitos e fazer ameaças em relação ao futuro seria contraproducente.

Nas situações em que existe um laço afetivo com a outra pessoa, e esse laço é valorizado, qualquer mágoa causada por um ataque pode fazer com que se sinta culpado e abra mão de seus limites. Por exemplo, se a sogra tivesse começado a chorar, ou se outras pessoas da família tivessem punido Marie por sua raiva, ela poderia vir a se sentir tão culpada que se retrataria pelo que disse e comeria os biscoitos.

Em *The dance of anger*, Harriet Lerner (1985) descreve como expressões abertas de raiva por ter sido invadido ou sufocado podem algumas vezes servir para perpetuar o problema, em vez de resolvê-lo. Ela sugere que a simples declaração da vontade e das necessidades demonstra mais respeito por si mesmo e pelo outro e é afinal um caminho mais eficaz para estabelecer limites que esbravejar acusações mútuas.

No caso de Marie, o objetivo era estabelecer limites no relacionamento com a sogra. Seu ataque, porém, levou apenas à culpa e a hostilidades familiares subseqüentes, o que só serviu para colocá-la sob uma pressão ainda maior. Ela teria sido muito mais eficiente se tivesse falado com a sogra de maneira calma, mas firme: "Sei quanto tempo e amor você dedica à preparação desses biscoitos, e entendo por que quer que eu coma alguns. Mas realmente não quero nenhum biscoito agora, gosto de fazer meu próprio prato e não gostaria que outras pessoas o fizessem". Dessa forma Marie teria comunicado suas necessidades e sua vontade sem agredir nem ofender a sogra.

As mensagens do "eu"

Uma habilidade básica de comunicação são as mensagens do "eu", que contrastam com as mensagens do "você". Uma mensagem do "eu" é uma afirmação a respeito do que você sente ou pensa, ou a respeito do que precisa ou deseja. A mensagem do "você", ao contrário, é acusadora — ela culpa outra pessoa ou a situação pelo que você sente. "Eu acho desconfortável revisar três vezes a mesma informação" é uma mensagem do "eu". "Essa reunião é inútil. Estou perdendo meu tempo" é uma mensagem do "você".

Dizer "você é ganancioso" não é uma mensagem do "eu". Se alguém estiver sendo ambicioso, uma resposta do eu seria: "Se você quer a maior parte do dinheiro para si, temo que não haja o suficiente para mim". Se alguém está dirigindo acima do limite de velocidade, em vez de dizer "você está dirigindo perigosamente", você pode comunicar o que sente e a atitude que pretende tomar em razão do que sente dizendo "eu me sinto mal quando você dirige assim tão rápido. Se insistir em dirigir acima do limite de velocidade, vou achar outra maneira de voltar para casa".

As mensagens do "eu" não são críticas a você, mas tampouco são críticas aos outros. Quando você transmite mensagens do eu, está dizendo à outra pessoa o que vai ou não fazer e como se sente. Você assume a responsabilidade por seus pensamentos, sentimentos e necessidades. Mesmo que porventura sinta que o outro está errado e não tem o direito de sentir o que sente, é importante focalizar aquilo que você quer ou precisa na situação. Não há nada de errado em querer que outras pessoas mudem seus pontos de vista, sentimentos e comportamentos, mas a verdade é que é muito difícil mudar os outros ou tentar convencê-los de que sua posição é a correta. Como Lerner (1985) mostra em *The dance of anger*, a maturidade exige reconhecer múltiplas realidades e compreender que os outros pensam, sentem e reagem de formas diferentes.

A raiva que você sente porque os outros são como são pode ser totalmente legítima e constituir um problema para você. Mas dois problemas ainda maiores são: não saber o que quer e de que precisa naquela situação e não agir de acordo com o que sabe ser verdade para si, para permanecer vinculado à outra pessoa. O melhor é focalizar a forma como deseja se relacionar ou ficar ligado a ela, expressando seus pensamentos, seus sentimentos e suas limitações o melhor que puder. Se o indivíduo é hostil, também é importante se proteger e se manter seguro.

Considere o exemplo de Annette, que sentia medo de engolfamento quando estava fisicamente próxima da mãe. Ela poderia ter feito declarações acusadoras como "é culpa sua se eu não quero passar meu tempo com você. Você arruinou minha infância e me transformou em uma neurótica" ou "lá vai você — dependendo de mim de novo. Quando é que vai crescer?" As observações a respeito do impacto destrutivo da mãe sobre sua vida e da excessiva dependência dela não são imaginárias: são psicologicamente corretas. No entanto, para a mãe os comentários de Annette seriam indubitavelmente ofensivos e ela reagiria com mágoa ou raiva. Annette poderia sentir-se culpada pelo fato de seus comentários serem negativos e emitidos com raiva e então se desculpar e se retratar.

Mas se ela usasse mensagens do "eu" poderia escapar de qualquer culpa inerente ao ato de ofender ou discutir. A simples afirmação dos próprios sentimentos e necessidades não é um ataque, e não é motivo para culpa. Annette poderia ter dito, por exemplo, "eu não quero nadar" ou "gostaria de fazer alguma coisa com você, como _____, mas não quero nadar com você". Ou: "Mãe, nadar não é legal para mim agora (eu me sinto mal). Talvez possamos nadar juntas no futuro, mas no momento o melhor para mim é fazer alguma coisa como _____". A mãe poderia, ainda assim, responder com mágoa ou raiva, e a reação dela poderia incutir culpa em Annette, mas essa culpa não teria sido causada por ter atacado ou ofendido a mãe verbalmente.

É mais difícil pensar em mensagens do "eu" no momento da raiva. Se você antevê uma situação em que teme ser sufocado, e especialmente se prevê que ficará com raiva, pode, se quiser, preparar antecipadamente suas falas e praticá-las em voz alta ou com um amigo. Assim, será capaz de se expressar melhor no momento em que suas habilidades verbais e mentais estiverem prejudicadas por causa da ansiedade e da raiva.

Daniel, por exemplo, sentia-se sufocado pelos comentários do padrasto a respeito de sua constituição física. O padrasto demonstrava abertamente a inveja que sentia de sua vitalidade e força física desde que ele entrara na adolescência. Daniel pedira que parasse com aquelas observações, mas ele não pôde ou não quis atendê-lo:

Cheguei à conclusão de que é inconsciente. Não posso dizer a ele que está sendo invejoso e pedir que pare, porque quando tento conversar sobre o assunto ele finge que não entende do que estou falando. Ou muda de assunto, ou age como se eu estivesse exagerando ou inventando coisas. Não importa o que eu diga, ele nega a inveja, embora ela tenha afetado toda a minha infância. Já tentei até fazer piada com os comentários dele ou passar menos tempo conversando com ele. Mas, por mais curtas que nossas conversas sejam, ele sempre arranja um jeito de fazer alguma observação sobre o meu físico. E então eu me sinto culpado e com raiva — sufocado.

Desejo que o problema todo desapareça, mas isso não vai acontecer. Então, decidi que sempre que ele fizer um comentário invejoso vou usar uma mensagem do "eu", como "eu me sinto mal quando você fala a respeito do meu corpo", ou simplesmente mudar de assunto perguntando algo sobre a vida dele ou outra coisa com que se importe.

Manter contato visual

É preciso manter contato visual com o interlocutor ao se comunicar. Se for uma mensagem importante, o cenário deve ser livre de distrações e interrupções.

A técnica do disco arranhado

Se alguém insiste em determinado ponto ou deseja envolvê-lo em uma discussão fazendo ataques, você pode usar a técnica do disco arranhado, repetindo a declaração de necessidades e limites. Se, por exemplo, a sogra continuar insistindo em oferecer os biscoitos, Marie pode simplesmente repetir: "Eu não quero nenhum biscoito agora, obrigada". Da mesma forma, se o padrasto fizer uma gracinha dizendo que Daniel está tendo delírios ou é sensível demais, ele pode simplesmente repetir: "Eu me sinto mal quando você fala a respeito do meu corpo". Você corre riscos ao expressar sua vontade e seu sentimento de desconforto, mas é um risco positivo.

As pessoas podem debater suas opiniões e convicções, mas não podem discutir legitimamente seus sentimentos. Eles são apenas o que são. É claro que existem pessoas que vão dizer que você "não deve se sentir assim" ou sugerir que "não tem o direito de se sentir assim". Sua resposta poderia ser: "Isso é o que eu sinto. Eu talvez não deva me sentir assim, ou talvez deva. Você talvez não sinta o mesmo que eu em relação à situação, mas isso é o que eu sinto, seja qual for a razão".

Conectado, mas livre: manter vínculos sem ser sufocado

Por último, mas não menos importante: se é você que está impondo limites, mas também lhe interessa continuar o relacionamento com aquele indivíduo, cabe a você tentar manter o vínculo. É responsabilidade sua expressar sentimentos sinceros e positivos em relação a essa pessoa e declarar o que valoriza nesse relacionamento. Pode também demonstrar que compreende a posição dela: "Eu entendo como você se sente". Depois, sem atacar os sentimentos ou o comportamento do outro, você pode expressar suas necessidades e seus limites.

As afirmações positivas precisam ser sinceras. Dizer a alguém que ele é importante e que você compreende como se sente só será uma comunicação válida e eficiente se for sincera e vier do coração. Do contrário, as declarações positivas e carinhosas serão formas de manipulação. Parte do seu poder de comunicação está na honestidade. Caso esteja mentindo ou fabricando meias-verdades para encontrar uma saída ou minimizar a raiva ou a rejeição que prevê como resultado de ter tomado uma posição, sua comunicação será não apenas antiética mas também frágil. As técnicas de comunicação sugeridas neste capítulo não têm o objetivo de enganar os outros. Ao contrário, seu objetivo é contribuir para a construção de um relacionamento emocionalmente maduro e honesto.

Annette, por exemplo, poderia dizer à mãe: "Eu entendo por que você quer nadar comigo. Você sente saudade de mim e do tempo em que todos os filhos estavam em casa. Em seu lugar eu desejaria fazer alguma coisa com minha filha, também. Mas eu não quero nadar. É importante para mim não ir e tentar fazer outra coisa". Marie poderia dizer: "Eu entendo por que você quer que eu prove seus biscoitos. Você tem orgulho deles, e eu tenho certeza de que estão deliciosos. Mas não quero nenhum biscoito neste momento".

Se você conseguir encontrar apenas *um* aspecto positivo na comunicação da outra pessoa ou *um* aspecto da posição dela que possa compreender, diga isso a ela. Depois deixe que ela conheça suas necessidades e seus limites. Você não precisa justificá-los. Tudo o que tem a fazer é expressá-los de forma clara e inquestionável, sem atacar a outra pessoa. Caso seja criticado, em vez de ficar na defensiva ou atacar, pode demonstrar certa compreensão em respostas como "entendo como você se sente" ou "percebo por que deve se sentir assim".

O final desejado

Neste exercício pede-se que esqueça suas convicções e imagine o que talvez pareça impossível: que não vai mais sentir claustrofobia emocional naquelas situações em que, no passado, o medo era quase inevitável. Antes de começar o exercício, leia mais uma vez em voz alta suas convicções desejadas, releia os registros que fez em seu diário sobre como pode ter convicções positivas e reveja os princípios básicos das habilidades de comunicação: mensagens do "eu", contato visual e afirmação dos aspectos positivos da outra pessoa e de seu relacionamento com ela.

Depois, como fez no último exercício de visualização, escolha um local confortável para sentar-se, feche os olhos e relaxe usando técnicas de respiração ou relaxamento muscular (ou qualquer outro método para acalmar-se). Se você se acalma com exercícios físicos, planeje realizar a segunda visualização depois deles. Examine sempre seu corpo em busca de focos de tensão e tente relaxar as áreas que ainda estejam tensas.

Então imagine a situação em que sentiu a claustrofobia emocional. Imagine uma seqüência de eventos mais favorável. Qual seria o melhor final para esse incidente? O que seria necessário para que a fantasia se tornasse realidade? Que limites você precisaria impor? Que ações poderia empreender para proteger-se, tomar sua própria defesa ou administrar suas reações?

Ao visualizar esse final desejado, tenha em mente seu objetivo na situação, suas convicções desejadas e as habilidades de comunicação sugeridas, como as mensagens do "eu". Se tiver dificuldade de imaginar um final desejável, coloque alguém que você aprecie e respeite em seu lugar.

Em uma página de diário intitulada "Meu final desejado — incidente n°1", escreva sete ou oito frases a respeito do final que deseja. Dedique algum tempo a exercícios de respiração profunda, relaxamento muscular e outras técnicas tranqüilizantes. Reveja o que escreveu e pergunte-se: tentei atingir meus objetivos? Minhas ações foram guiadas por minhas convicções desejadas em lugar das velhas convicções derrotistas? Usei as habilidades de comunicação descritas neste capítulo? Depois, se precisar, reveja a descrição de seu final desejado para incluir maior aproximação do objetivo, maior coerência com as convicções desejadas ou habilidades de comunicação aperfeiçoadas.

Annette escreveu:

Meu objetivo é poder ir para casa para sentir que tenho uma família, mas não ser forçada a fazer coisas que me lembrem os aspectos negativos de meu passado ali. Minha antiga convicção era de que não podia dizer "não". Minha nova convicção é de que tenho o direito de estabelecer limites. Minha fantasia é que recusarei o convite de minha mãe para nadar e ela aceitará a recusa sem chorar nem me acusar de não amá-la. Mas isso nunca vai acontecer. Portanto, minha fantasia seguinte é que eu digo "não" ao convite para nadar e não volto atrás, mesmo que ela comece a chorar e meu pai me olhe de maneira enviesada. Peço para falar a sós com minha mãe, decidindo interiormente não discutir temas psicológicos do passado que minha mãe não entende e que só a ameaçam e a tornam mais emotiva e agarrada.

A sós com ela, olho diretamente em seus olhos e digo que gosto dela, e é por isso que estou fazendo essa visita. Sem trazer o passado à tona, digo simplesmente que não quero nadar, mas gostaria que fizéssemos juntas outra coisa, como sair para uma caminhada ou almoçar fora.

Planos de emergência

Saídas

Você precisa planejar pelo menos uma saída. Planeje várias se puder. Ter um plano de saída não é a mesma coisa que se esquivar, fugir ou acovardar-se. Esteja preparado com dinheiro, um meio de transporte, o número de telefone dos amigos que podem ajudar caso você precise sair e/ou uma razão plausível, emocionalmente neutra e não desafiadora, para interromper ou finalizar aquele encontro. Frases como "eu preciso de um tempo", "eu preciso sair agora", "não estou me sentindo bem" ou "quero discutir esse assunto mais tarde" são fórmulas de saída que não implicam mentir, ofender nem ficar na defensiva.

Se tiver um amigo a quem possa telefonar, você pode dizer "preciso fazer um telefonema", pedir licença e ligar para ele. Em situações especialmente difíceis em que os amigos não estão disponíveis, você pode deixar uma mensagem na secretária eletrônica ou ligar para seu próprio telefone e deixar mensagens afirmativas como "eu posso sobreviver a isso", "eu mereço um pouco de paz de espírito" ou "eu não sou uma pessoa horrível por precisar estabelecer limites".

Se sentir vontade de ir embora, mas é melhor para você que não vá e decide ficar mais um pouco, considere a possibilidade de fazer um acordo consigo mesmo: você vai *tentar* ficar por um período determinado, mais quinze minutos, por exemplo, e depois reavaliar se deve sair ou pode ficar mais um pouco. Continue negociando consigo mesmo pequenos intervalos de tempo, mas permita-se sempre tentar deixar a situação se ficar desconfortável demais (ou ficar com medo, raiva ou se sentir encurralado ou sufocado).

Keith, por exemplo, sentia medo de engolfamento em festas, almoços e outros eventos sociais e depois de uma hora numa situação assim ele ficava com vontade de ir embora. Mas sentia que não podia sair cedo sem ofender o anfitrião ou atrair a atenção. Algumas vezes, também, ao ir com outras pessoas ao evento, hesitava em pedir-lhes que saíssem cedo por sua causa. Por todos esses fatores, Keith decidiu que o melhor para todos era que ele não comparecesse a eventos sociais.

Como parte dos esforços para administrar seu medo de engolfamento, Keith precisava aprender que não havia uma regra dizendo que, se aceitasse um convite, teria de permanecer durante todo o evento ou a maior parte dele. Era possível ficar por um período limitado, mas confortável, e depois sair. Keith podia facilitar as coisas simplesmente informando antecipadamente ao anfitrião que ele talvez precisasse sair cedo. Além disso, era imperativo que se permitisse sair quando começava a sentir-se sufocado, e que tivesse meios para isso. Isso significava ir com o próprio carro ou, se fosse com outros, ter dinheiro suficiente para o táxi ou outra maneira de voltar para casa.

Em determinada ocasião, ele decidiu ficar cerca de uma hora. Depois desse tempo poderia avaliar como estava se sentindo e, se precisasse, sair conforme planejara. Mas, se estivesse se divertindo, podia ficar mais vinte minutos. Passados vinte minutos, se ainda se sentisse seguro, reconsideraria mais uma vez sua decisão de sair. Negociando consigo mesmo em diversos momentos, e sabendo que podia ir embora quando quisesse, foi capaz de aumentar sua permanência em eventos sociais muito além da sua costumeira hora e meia.

ELABORAÇÃO DE UM PLANO

Soluções rápidas

Eis algumas sugestões para as ocasiões em que você está em situações públicas ou sociais e precisa de ar (McKay *et al.*, 1989):

- Massageie por dez segundos uma parte tensa de seu corpo.
- Respire lenta e profundamente dez vezes.
- Mude de posição e alongue-se.
- Fale mais devagar.
- Levante-se e tome uma bebida fria (não alcoólica).
- Sente-se e recline-se para trás.
- Pisque e imagine que está em seu lugar seguro.

Como se preparar para o pior

Você tem um plano. Mas há muitas outras questões importantes a considerar: qual é a pior coisa que pode acontecer? Há meios de prever a probabilidade de acontecer o pior? Com base em sua experiência passada e nas informações que tem, qual é a probabilidade de acontecer o pior? Se acontecer o pior, o que você fará?

Se acontecer o pior, você será capaz de lidar com isso?

Todas essas perguntas exigem cuidadosa consideração. Você não poderá prosseguir com seu plano de controlar o medo de engolfamento se, ao fazê-lo, for corroído pelo medo de "e se _____ acontecer?" Qualquer medo a respeito das possíveis conseqüências de seu plano precisa ser identificado e enfrentado. Você deve então avaliar se seus medos são realistas. Nesse ponto, seria recomendável compartilhar esses medos com seu terapeuta ou um amigo de confiança. Essas pessoas talvez possam ajudá-lo a separar os medos realistas dos irrealistas.

Caso a realização de seu plano apresente risco potencial a você ou a outras pessoas, deve adiá-lo ou modificá-lo para que não ofereça risco de danos físicos. Mais que isso, se você sentir que não poderia, em nível psicológico, administrar a pior situação possível e se considerar que tal possibilidade existe, então talvez deva modificar seu plano ou adiar a tentativa de implementá-lo.

Se perceber, no entanto, que o pior que pode acontecer não é tão ruim assim, quando, ao implementar seu plano, começar a sentir pânico deve perguntar: "Qual é a pior coisa que pode acontecer?", e então se tranqüilizar: "Se acontecer o pior, ninguém vai sair ferido e eu posso lidar com isso".

CAPÍTULO 8

Viva o seu plano

Se realizou os exercícios do capítulo 7, você já deve ter um plano de ação para três situações diferentes de medo de engolfamento. Agora tem uma escolha: ou pode procurar uma dessas situações para testar um de seus planos, ou esperar até que uma delas se apresente, para então executá-lo.

Algumas pessoas experimentam uma sensação de domínio e controle ao procurar uma oportunidade para testar seus planos, enquanto outras preferem esperar até que a situação-problema venha até elas. Outras, ainda, decidem não usar nenhum plano mesmo quando enfrentam uma situação de medo de engolfamento que não conseguem evitar. A idéia de mudar seus padrões habituais de interação parece arriscada e perigosa demais.

Não há, nesse assunto, decisões certas ou erradas. Procurar uma oportunidade de experimentar novas técnicas ou decidir esperar até ser forçado a fazê-lo são alternativas igualmente boas. Tampouco é vergonhoso não se sentir pronto para usar qualquer um de seus planos. Você talvez precise de mais tempo para fazer os ajustes emocionais de agir e pensar sob novas formas ou talvez seu plano precise ser mais bem trabalhado. Você também pode necessitar de mais tempo para pensar ou para trabalhar com o plano ou pode precisar de mais apoio.

Embora seja importante aceitar desafios e não deixar que o medo de engolfamento controle sua vida, também é imprescindível ser tolerante com você mesmo e não se sobrecarregar.

Antes de pôr o plano em ação

Ao antecipar o sofrimento causado pela claustrofobia emocional, tente manter a seguinte conversa consigo mesmo:

Logo vou enfrentar uma situação que no passado me enchia de medo de engolfamento. Algumas vezes, minha claustrofobia emocional se transformou em raiva e ódio, outras em depressão. Algumas vezes permaneci na situação até pensar que iria explodir — ou morrer. A situação era tão desagradável, ou mesmo insuportável, que prometi a mim mesmo nunca me colocar nessa experiência novamente. Mas não foi possível. Seja por exigência da vida, seja de uma parte de mim, tive de enfrentar de novo a situação.

Tenho consciência também de que os outros não sofrem de claustrofobia emocional em situações assim. Isso faz com que eu me sinta anormal, esquisito e diferente, de um jeito negativo. Mas preciso lembrar que existem razões para que eu reaja assim. Não nasci com claustrofobia emocional, alguma coisa deu origem a ela, e não foram minhas deficiências.

O ruim disso é que a claustrofobia emocional tirou minha alegria de viver. Ela também comprometeu em parte meus objetivos de carreira e de relacionamento. E, no entanto, administrar minha claustrofobia emocional trabalhando meu nível de estresse físico e minhas convicções derrotistas exige grande esforço. Uma parte de mim se ressente desse excesso de trabalho, mas não tenho outra escolha, a menos que queira que esse medo continue a limitar minha vida.

A boa notícia é que os métodos para lidar com o problema funcionam: Sou capaz de diminuir meu estresse, pensar de um jeito novo a meu respeito e me comunicar de forma firme e enérgica sem ser agressivo nem hostil. Mesmo que não seja capaz de controlar a reação dos outros, posso controlar melhor meu comportamento.

Sei que agir de acordo com esse plano (em vez de reagir do jeito antigo) significa assumir certos riscos. Imagino, por exemplo, como vão ficar as coi-

sas se eu usar minha nova maneira de ser em uma situação em que costumava ficar sufocado. Pergunto-me se poderei prejudicar, ou até perder, um relacionamento se executar o plano. Mas, se continuar a me sentir asfixiado, posso começar a me tornar irritadiço e agressivo ou a me esquivar emocionalmente da situação ou das pessoas e dessa forma poderia vir a perder o relacionamento de qualquer maneira. Se não assumir o risco de experimentar o jeito novo, eu ou a outra pessoa provavelmente acabaremos deixando o relacionamento em um nível superficial ou rompendo em definitivo. Se eu me sentir sufocado por determinada situação, posso perder a capacidade de ser eficiente e abandoná-la ou ser considerado inútil pelos outros.

Amedrontam-me, também, a ansiedade e o medo que sei que vou sentir quando começar a pensar e agir de acordo com meu plano. O que vai acontecer? Como a outra pessoa vai reagir? Como eu vou reagir? Se não sentir o medo de engolfamento, vou sentir o quê? Será que vou ter outros sentimentos amedrontadores?

Gostaria de evitar a ansiedade e a dor emocional, mas agir do jeito antigo não vai me poupar disso. Na verdade, foi a maneira antiga que contribuiu para meu sofrimento e meu medo. A ansiedade e o medo que acompanham a mudança de minhas velhas reações pelo menos vão levar a algum lugar: a medo menor da asfixia, talvez até a nenhum medo. A ansiedade e o medo que acompanhavam a forma antiga de fazer as coisas não levavam a lugar algum — exceto ao mesmo velho padrão de ter aspectos importantes de minha vida controlados pela claustrofobia emocional.

Antes do episódio e durante

Ao enfrentar a situação, tente conversar consigo mesmo assim:

Preciso dar um passo de cada vez. Não posso pensar sobre o evento como um todo ou o que poderia acontecer. Tenho de dividi-lo em pequenos segmentos de cinco ou dez minutos. Tampouco posso me preocupar se vou ou não "conseguir" me livrar do medo. O simples fato de ter investido tempo em refletir sobre esse tipo de acontecimento e de me preocupar comigo — e com a outra pessoa, com o projeto ou com o esforço — o suficiente para tentar lidar com o medo já é um sucesso.

Visualizei o que geralmente acontece e o que eu quero que aconteça. Minhas novas convicções, meus exercícios de respiração e relaxamento e a visualização de meu lugar seguro estão à minha disposição se eu precisar. Posso usá-los a qualquer momento. Mas sei que no meio dessa situação, que no passado gerou tanto medo, talvez não use essas ferramentas tão bem quanto planejei.

Entretanto, se apenas uma coisa mudar na forma como costumava agir ou pensar, já terá sido um sucesso. Se me lembrar de respirar fundo algumas vezes ou pensar apenas uma vez em minhas novas convicções, já terá sido um sucesso. Terei dado o primeiro passo para interromper uma longa história de reações negativas. Mesmo que no final eu me sinta sufocado, se conseguir mudar apenas uma coisa em minha forma costumeira de agir ou pensar, serei bem-sucedido.

Mudar um aspecto de meu pensamento ou ação pode não parecer uma grande conquista, mas é. Uma pequena mudança provavelmente levará a mais mudanças no futuro. Na próxima vez em que tentar executar meu plano talvez seja capaz de mudar um pouco mais meu comportamento e minha atitude de forma a cuidar ainda melhor de mim nesse tipo de situação. Preciso me dar um crédito por enfrentar o medo, em vez de fugir dele ou fingir que não me incomodo.

Também serei bem-sucedido se me mantiver atento ao medo, à ansiedade, à raiva e a outros sentimentos meus. Trabalhei muito com essa situação, e a diferença entre ela e as circunstâncias que fizeram com que sentisse medo de engolfamento em casos assim é que _____. Ao tentar administrar essa situação de medo, preciso estar ciente de que algumas velhas idéias derrotistas podem persistir, mas que posso recorrer a novas formas de pensar, mais libertadoras, acreditando e agindo na certeza de que as novas convicções são verdadeiras. Preciso me concentrar principalmente nas convicções _____, _____ e _____.

Preciso lembrar que não quero prejudicar ninguém, nem eu mesmo nem a pessoa que está comigo, nem meu desempenho nem o projeto em que estou envolvido. Estou estabelecendo limites e lidando com a situação de maneira nova para superar minha claustrofobia emocional, mas também para participar mais inteiramente de certas atividades e manter um relacionamento mais honesto e significativo com alguém. Se precisar di-

zer alguma coisa, posso fazê-lo de forma não defensiva e gentil, sem agredir o outro ou a mim mesmo. Preciso expressar minhas necessidades e desejos usando mensagens do "eu".

Se me sentir mal ou ansioso ao me relacionar desse jeito novo, isso não significa que eu seja um fracasso. Devo considerar a possibilidade de ficar mal emocionalmente. Afinal, estou em situação de risco. Em vez de ficar com raiva por começar a me sentir sufocado, preciso encarar esses sentimentos como sinais de que devo usar um dos meus exercícios de enfrentamento. Pode ser o momento de praticar, por exemplo, alguns exercícios de respiração profunda, de telefonar a um amigo, de fazer uma pausa ou outra coisa qualquer. Preciso lembrar também o plano que tracei para lidar com essa situação e me manter fiel a ele.

Sempre que ficar oprimido pela claustrofobia emocional, pela ansiedade e pela raiva que a acompanham, devo dizer a mim mesmo: "Tudo vai ficar bem. A qualquer momento posso ir para um lugar onde me sinto seguro".

Práticas para apoiá-lo nos momentos difíceis

Tenha sempre em mente os seguintes métodos, que podem ser usados com a freqüência que for necessária:

- Use métodos de relaxamento, técnicas respiratórias e outras formas de se acalmar.
- Visualize seu lugar seguro.
- Substitua as convicções derrotistas por outras mais positivas.
- Faça pausas de emergência.
- Use um de seus planos de saída.
- Telefone para um amigo.
- Aja como se fosse outra pessoa, alguém por quem tem amor e carinho.
- Mantenha-se fiel aos pontos básicos do plano.
- Esteja preparado para o inesperado.

No livro *Better Boundaries: Owning and Treasuring Your Life*, Jan Black e Greg Enns (1997) descrevem o que chamam de "técnica de substituição pessoal", altamente recomendada para pessoas que estão aprendendo a ser firmes em situações em que costumavam ser asfixiadas.. A idéia básica dessa técnica é fingir que você é alguém por quem tem carinho e deseja proteger, e então agir da forma como gostaria que aquela pessoa agisse ou como imagina que agiria.

Lily, por exemplo, estava testando seu plano para controlar a claustrofobia emocional durante uma reunião de família em que uma tia a pressionava a ficar mais tempo do que gostaria.

> *Eu queria me levantar e fazer outra coisa, mas sentia que tinha de ficar por causa dos olhares penetrantes e comentários mordazes de minha tia. Tentei evitá-la com uma conversa corriqueira, mas meu medo de engolfamento estava crescendo e começava a me dominar. Precisava de um tempo, mas não me sentia capaz de encontrar uma saída.*
>
> *Então pensei em minha filha. Será que eu gostaria que ela se sentisse encurralada assim? Não. Eu gostaria que ela se desculpasse educadamente e fosse fazer o que quisesse ou precisasse. Pensando assim, percebi que é isso que minha tia faz. Ela não se sente encurralada por mim nem por ninguém. Quando quer fazer alguma coisa, simplesmente faz, até mesmo de forma rude, sem mais nem menos. Se minha filha e minha tia podem se sentir livres, eu também posso — sem precisar de um milhão de desculpas.*

Reconhecimento da realidade

O estabelecimento de limites causará impacto em um relacionamento em que eles não existiam ou eram vagos e pouco claros. Em alguns casos, o que você disser vai causar estranhamento e dor, mesmo que sua comunicação seja bem planejada e não agressiva. Se a outra pessoa interpretar os novos limites como forma de rejeição, apesar de sua declaração aberta em contrário, ela poderá revidar, fingir indiferença e rejeitá-lo. Quanto mais ela for ligada a você, quanto maior for a sensação de perda, maior será provavelmente a reação ao fato de você estabelecer limites e se importar consigo mesmo. Da mesma forma, quanto mais ligado você for a ela, maior será sua sensação de perda caso ele ou ela reaja negativamente à sua declaração de limites.

Situações assim são dolorosas para todos os envolvidos. Se você, no entanto, falar sobre suas necessidade e limites referindo-se a si mesmo e não à outra pessoa, e apresentar os fatos de forma calma e não hostil, terá feito todo o possível para minimizar qualquer dor gerada por sua atitude. Além disso, ao se comunicar abertamente terá mostrado que se importa. A declaração de limites é um ato de auto-afirmação, mas é também uma atitude que diz: "Eu sou diferente de você. Se desejamos nos relacionar, minhas necessidades precisam ser respeitadas". Esse ato de diferenciação do outro pode causar, pelo menos no início, uma sensação de perda tanto para ele quanto para você.

Uma possibilidade é que a dor causada pela exposição de seus limites seja, na verdade, a dor do crescimento de um relacionamento que virá a ser mais íntimo, estreito e mais satisfatório, exatamente porque você se manifestou e estabeleceu limites. Essa atitude não irá, no entanto, resultar sempre em um relacionamento aperfeiçoado. Nem todos se ajustarão aos limites que você vier a estabelecer e alguns o rejeitarão ou se afastarão de você. Em alguns casos o estranhamento terá vida curta, em outros poderá ser duradouro ou permanente.

Pode ser que lhe digam ou dêem a entender que, se quiser ser novamente parte da família, do grupo ou do relacionamento, terá de abandonar suas preocupações pessoais e voltar à velha forma de se relacionar, àquela que lhe causava o medo de engolfamento. Em situações assim cabe a você fazer a triste escolha: suportar o medo de engolfamento ou a sensação de perda provocada pelo enfraquecimento ou pela morte de um relacionamento importante. Uma opção é dar um tempo. Se alguém disser claramente que não quer estar ligado a você a menos que desista de alguns de seus limites, você pode respeitar essa necessidade de distanciamento e deixar a pessoa em paz. Ou restabelecer contato depois de algum tempo e tentar retomar o relacionamento, sem no entanto abrir mão de suas necessidades.

Tenha em mente que você é responsável por sua vida. Pode chegar o momento em que terá de pensar em si mesmo tanto quanto nos outros e preocupar-se principalmente com seu bem-estar. Todos os relacionamentos devem se basear em carinho e respeito mútuos, o que significa respeitar os sentimentos, as necessidades e os limites um do outro. De acordo com Paul Tournier (1977), existem dois tipos de culpa: a verdadeira e a falsa culpa. A falsa culpa se refere a sentimentos causados por não satisfazer as expectativas dos outros, a culpa verdadeira vem de não viver seu verdadeiro potencial e deixar de cuidar de si mesmo, de se proteger e de se valorizar.

Caso experimente sofrimento emocional ao tentar ser você mesmo enquanto aos poucos diz adeus à sua claustrofobia emocional, lembre-se de que prantear seu eu perdido faz parte da recuperação. Tente não interpretar a dor causada pelo crescimento como sinal de que é um fracasso psicológico e de que todos os seus esforços foram em vão. Se você encarar francamente os sentimentos envolvidos no processo de recuperação e na perda de parte de sua velha identidade, eles cedo ou tarde desaparecerão.

Embora seu novo comportamento possa ter efeito sobre os outros, não fique surpreso se os passos que der para ajudar a si mesmo passarem despercebidos ou forem ignorados. Ali, por exemplo, pensava em como diria aos parentes que preferia ficar em um hotel a hospedar-se na casa deles. Algumas famílias consideram excesso de exigência ou intromissão que parentes de outra cidade esperem se hospedar com eles. Mas na cultura de Ali ficar em um hotel em vez de em casa de parentes é considerado um insulto. Ele não desejava ferir seus familiares, mas sabia por experiência própria que hospedar-se na casa deles lhe causava tal sentimento de claustrofobia emocional que ele chegava a desejar não visitá-los mais:

> *Preciso de algum espaço para apreciar a companhia deles. Mas vão me atormentar tanto se eu ficar em um hotel que isso pode arruinar a visita. Se encontrar um jeito de falar, talvez consiga evitar todas as críticas e questionamentos.*
>
> *Enquanto pensava no que dizer, foi uma agonia encontrar as palavras certas. Queria expor minhas necessidades sem ficar na defensiva, mas também sem pôr a culpa neles, sem fazer nenhuma observação negativa sobre eles nem dizer algo que pudessem interpretar negativamente. As frases de psicologia popular que normalmente se usa com americanos co-*

muns não funcionariam com meus parentes: eles são da velha pátria. Coisas que não seriam acusações nem críticas para a maioria das pessoas daqui para eles seriam.

Considerei a possibilidade de mentir para poupar os sentimentos deles e tornar as coisas mais fáceis para mim, dizendo por exemplo que eu havia ganhado duas ou três noites grátis em um hotel. Mas não me senti bem com a idéia. Pensei e pensei, e finalmente decidi dizer algo emocionalmente neutro e pessoalmente vago, como que ficar em um hotel "seria o melhor para mim". Se fizessem muitas perguntas ou me pressionassem, o que eu tinha certeza que fariam, iria apenas repetir: "Sei que vocês gostariam que eu ficasse aqui, e isso faz com que me sinta muito querido. Tenho muita sorte de ter parentes tão generosos. Mas desta vez preciso ficar em um hotel. Vai ser mais conveniente para mim".

Quando ensaiei o que iria dizer e visualizei a previsível reação negativa, fiquei tão ansioso que quase esqueci o que tinha planejado. Então escrevi tudo em um papel e periodicamente revia minha fala. Apesar dessa prática, havia momentos em que me sentia sufocado pela perspectiva de enfrentá-los.

No dia em que finalmente falei com eles, apesar de toda a preparação, fiquei com a mente vazia. Tinha certeza de que não seria capaz de dizer nada, que iria cancelar a reserva no hotel e ficar na casa deles. Quando abri a boca, senti-me entorpecido e "fora do ar", como se estivesse em uma peça teatral sobre minha vida, e não na vida real. E então, maravilha das maravilhas, eu disse o que tinha planejado dizer e até soou bem: gentil e amoroso, mas firme. Eu temia parecer uma criança assustada ou um egoísta raivoso se dissesse alguma coisa.

O mais surpreendente foi que meus parentes não deram nenhuma resposta. Ficaram me olhando por um minuto e depois mudaram de assunto. Talvez não fossem capazes de lidar com aquilo, não soubessem o que dizer nem quisessem demonstrar estranhamento. Seja qual for a razão, eu me hospedei no hotel sem que houvesse nenhuma reação abertamente negativa. Fiquei chocado por eles parecerem tão neutros a respeito, mas também muito satisfeito. E especialmente satisfeito comigo mesmo por ter sido capaz de ser a pessoa que eu queria ser: alguém que respeita os próprios limites e cuida de si mesmo sem ficar na defensiva nem se desculpando demais e também sem ser desagradável ou sem consideração pelos outros.

Ali descobriu que seu empregador também não fez comentários quando ele estabeleceu limites para o comprometimento com o emprego de meio período. "E pensar que eu poderia ter sofrido fazendo mais do que podia só porque tinha medo de me manifestar. Aprendi que quando estabeleço limites algumas vezes as pessoas ficam zangadas e revoltadas. Mas em outros casos elas aceitam sem me questionar nem me punir."

Faça um inventário

Depois de ter experimentado um de seus planos, faça uma avaliação de seu progresso. Em nova folha de seu diário, intitulada "Inventário", responda às seguintes perguntas:

- O que você fez diferente do que havia feito em outras ocasiões? Lembrou-se de usar a respiração profunda e outros métodos para se acalmar? Que métodos usou? Quais ajudaram? Quais não ajudaram?
- O que pensou durante o acontecimento? Você foi capaz de lembrar algumas convicções desejadas? (Valorize-se por lembrar suas convicções desejadas, mesmo que as convicções derrotistas tenham invadido sua mente e o deixado incapaz de agir com base nas convicções desejadas.)
- Usou suas habilidades de comunicação: mensagens do "eu", imposição de limites, afirmação dos aspectos positivos de sua ligação com a outra pessoa, abstenção da violência verbal? Mesmo que tenha conseguido apenas *uma* mensagem do "eu" ou *uma* afirmação positiva para a outra pessoa, dê-se crédito.
- Foi capaz de fazer uma pausa quando precisou dela? Se não foi, o que fez com que não conseguisse?
- O que você aprendeu com essa experiência? Como administraria a mesma situação numa próxima ocasião?
- Qual foi a sensação de exercer controle, mesmo que pequeno, sobre a situação?

- Sentiu medo de ser sufocado durante a experiência? E depois? Não se surpreenda se algumas vezes sentir medo e outras não.

- Que outros sentimentos experimentou durante o episódio? E depois? Não se surpreenda se teve uma mistura de sentimentos: desde alívio e exultação por ser capaz de superar parte de seu medo de engolfamento até depressão, tristeza ou raiva.

- Ficou surpreso por sentir medo da mudança ou por sentir falta de seu velho "eu" claustrofóbico? Sente-se capaz de aceitar certa ansiedade e alguma sensação de perda em toda mudança, mesmo que seja positiva? Qual foi a fonte de sua ansiedade: o que temia que pudesse acontecer por ter reagido de forma diferente? Qual é a origem da sensação de perda? O que você realmente perdeu e o que ganhou por ter aplicado suas novas técnicas de superação e perseverado em suas convicções desejadas?

- Que efeito suas novas atitudes tiveram sobre a outra pessoa? Em sua opinião, esse efeito será de curto ou longo prazo? Há algo mais que você gostaria de fazer para melhorar o relacionamento com ela sem abrir mão de seus limites?

- Que efeito suas novas atitudes tiveram sobre o projeto em que está trabalhando ou outras atividades em que está envolvido? Com base naquilo que pôde observar e nas reações das outras pessoas, você acredita que esse efeito será de curto ou de longo prazo? Existem outras formas de melhorar sua participação nessas atividades sem ignorar suas limitações e necessidades pessoais?

Revisão de progresso

Ao longo deste livro você teve a coragem de encarar sua claustrofobia emocional. Identificou algumas causas de seu medo e, como resultado desse conhecimento, já não se encontra no escuro em relação a alguns aspectos importantes de sua vida. Aprendeu formas de se acalmar fisicamente para, quando começar a sentir medo, não se sentir mais tão impotente em relação à crescente tensão de seu corpo. Você também identificou convicções derrotistas e as substituiu por convicções que afirmam seu valor, sua dignidade e sua capacidade de agir por si mesmo e se auto-afirmar. As habilidades de comunicação que praticou ajudaram-no a interagir de forma emocionalmente franca, mas não agressiva.

Talvez você tenha também superado o maior de todos os obstáculos — aceitar a incerteza e o turbilhão emocional que sobrevêm ao optar pela mudança de velhos padrões de pensamento e comportamento que, apesar de dolorosos e restritivos, pelo menos são familiares e, nesse sentido, "confortáveis". "Pude compreender que nenhuma experiência na vida é totalmente boa ou totalmente ruim; todas têm elementos de ambos os lados. Você tem um problema? Coragem — talvez você na verdade tenha uma oportunidade" (Greene, 1999).

Se você está sofrendo e alguém sugere que faça limonada com os limões que a vida lhe dá, pode parecer que a pessoa desconsidera sua dor.

Algumas vezes você pode tentar com todas as forças transformar os limões em limonada, e ver que é impossível. Existem muitas situações onde tudo que se pode perceber de "bom" é mínimo, ou parece mínimo, em comparação com aquilo que ainda existe de "ruim". Entretanto, o processo de extrair algo de bom das dificuldades da vida, como a claustrofobia emocional, pode no mínimo motivá-lo a reavaliar sua vida e seus objetivos pessoais.

Você precisa se dar crédito por todas essas realizações. Quanto mais praticar as habilidades de enfrentamento que aprendeu, e quanto mais cedo começar a pensar a respeito da claustrofobia emocional de maneira que afirme, em vez de esconder, seu valor e seu desenvolvimento pessoal, mais natural será usar essas habilidades. Se você continuar a enfrentar seus medos e a seguir os tipos de plano que elaborou neste livro, com o tempo não precisará trabalhar tanto para sair de situações que fazem com que se sinta asfixiado ou para lidar com pessoas que considera sufocantes. Se continuar praticando as técnicas de enfrentamento e pensando com base em suas novas convicções, estará escrevendo uma nova história para si mesmo. Um dia a nova história será mais familiar e mais poderosa que a velha história, e a claustrofobia emocional vai atrapalhar cada vez menos a sua vida.

Referências bibliográficas

Bass, Ellen; Davis, Laura. 1988. *The Courage to Heal*. New York: Harper and Row.

Black, Jan; Enns, Greg. 1997. *Better Boundaries: Owning and Treasuring Your Life*. Oakland, Calif.: New Harbinger Publications.

Bourne, Edmund. 2000. *The Anxiety and Phobia Workbook*, third edition. Oakland, Calif.: New Harbinger Publications.

Campbell, Joseph. 1988. *The Power of Myth*. New York: Doubleday.

Courtois, Christine. 1988. *Healing the Incest Wound. Adult survivors in therapy*. New York: W. W. Norton.

Davis, Laura. 1990. *The Courage to Heal Workbook*. New York: Harper and Row.

Davis, Martha; Eshelman, Elisabeth; McKay, Matthew. 2000. *The Relaxation and Stress Reduction Workbook,* fifth edition. Oakland, Calif: New Harbinger Publications.

Goldstein, Amy; Suro, Roberto. 2000. "A Journey in Stages: Assimilations Pull Is Still Strong but its Pace Varies". *Washington Post*, January 16.

Greene, Bernie. 1999. "Pain, Paradox and Serendipity". Wheaton, Md.: Unpublished manuscript.

Harvey, Claire. 1995. "Stories of Resiliency in Trauma Survivors". Audiotape 951STSS: International Society for Traumatic Stress Studies, 11th Annual Meeting, Boston, Mass.

Herman, Judith. 1992. *Trauma and Recovery*. New York: Basic Books.

James, Beverly. 1994. "Trauma in Infants, Children and Adolescents: Context and Connectedness". Audiotape 96ISSTSS-1: International Society for Traumatic Stress Studies, 10th Annual Meeting, San Francisco, Calif.

Kerr, Michael; Bowen, Murray. 1988. *Family Evaluation*. New York: W.W. Norton.

Kubler-Ross, Elisabeth. 1969. *On Death and Dying*. New York: Macmillan Publishing Company.

La Franiere, Sharon. 2000. "In Russia: Therapy for Cloying Closeness". *Washington Post*, January 3.

Lerner, Harriet. 1985. *The Dance of Anger*. New York: Harper and Row.

Matsakis, Aphrodite. 1996. *I Can't Get Over It: A Handbook for Trauma Survivors*. Oakland, Calif.: New Harbinger Publications.

Matsakis, Aphrodite. 1996. *Vietnam Wives: Facing the Challenge of Life with Veterans Suffering Post-Traumatic Stress*. Second Edition. Lutherville: Md.: The Sidran Foundation.

McKay, Matthew; Fanning, Patrick. 1991. *The Prisoners of Belief*. Oakland, Calif.: New Harbinger Publications.

McKay, Matthew; Rogers, Peter; McKay, Judith. 1989. *When Anger Hurts: Quieting the Storm Within*. Oakland, Calif.: New Harbinger Publications.

Pearlman, Laura. 1994. "Trauma and Fullfillment of Human Pontential". Audiotape International Society for Traumatic Stress Studies, 10th Annual Meeting, San Francisco, Calif.

Rosenheck, Robert; Nathan, P. 1985. "Secondary Traumatization in the Children of Vietnam Veterans with Posttraumatic Stress Disorder". Hospital and Community Psychiatry 36:538-539.

Rosenheck, Robert. 1986. "Impact of PTSD of Worl War II on the Next Generation". *Journal of Nervous and Mental Disease*. 174:319-327.

Silverman, Joel L. 1986. "Post-Traumatic Stress Disorder". *Advanced Psychosomatic Medicine* 16:115-140.

Smith, Barry D. 1998. Psychology: *Science and Understanding*. New York: McGraw Hill.

Steinbeck, John. 1976. *The Pearl*. New York: Penguin Books.

Tournier, Paul. 1977. *The Best of Tournier*. New York: Harper and Row.

Zuercher-White, Elke. 1998. *An End to Panic: Breakthrough Techniques for Overcoming Panic Disorder*, second edition. Oakland, Calif.: New Harbinger Publications.

Se você gostou deste livro e gostaria de receber mais informações sobre nossos títulos escreva para:

Editora Gente
Rua Pedro Soares de Almeida, 114
CEP 05029-030 — São Paulo — SP